Alfonso e Nicola Vaccari

L'ALCHIMISTA DELLE ACQUE

ISBN 978-1-911424-92-5
SKU/ID 9781911424925
Cover design by Alfonso and Nicola Vaccari
Book design by Wolf
Editor: Wolf
Illustrations by Alfonso and Nicola Vaccari

Si ringrazia per la trascrizione del testo dal libro la sig.ra Laura Fiori

No part of this book can be reproduced in any form or by written, electronic or mechanical, including photocopying, recording, or by any information retrieval system without written permission in writing by the publisher.

Publishing Company:
Black Wolf Edition & Publishing Ltd.
2 Glebe Place, Burntisland KY3 0ES, Scotland
www.blackwolfedition.com

Copyright ©2017 by Black Wolf Edition & Publishing Ltd.
All rights reserved. - First Edition: 2017

*Alle nostre amate mogli
Anna Maria e Sabina*

Si ringraziano la signora Maria Letizia Fiorentini (nipote di Vittorio Liberati) per averci messo a disposizione una copia del progetto dei "Pozzi capto diffusori" e per il contributo; l'amico Gilberto Giorgetti per il materiale fotografico riguardante Vittorio Liberati e per esserci stato prezioso consigliere.

Nota degli autori

Con L'alchimista delle acque intendiamo unicamente presentare quanto di più spontaneo, giovanile e per nulla dissacratorio agiva negli atti e nella mente di noi fanciulli all'epoca in cui si svolsero i fatti qui rievocati.
Qualsiasi giudizio, opinione e considerazione nei riguardi del protagonista vanno perciò considerati come espressioni delle fantasie e delle emozioni infantili, che in età matura abbiamo sentito il bisogno di rievocare come momenti significativi della nostra educazione "sentimentale". Per questo, non vi è nessuna intenzione di esprimere un giudizio sulla personalità del protagonista, verso il quale conserviamo la più alta e rispettosa considerazione.

PREFAZIONE

Dopo anni dalla prima pubblicazione de "L'alchimista delle acque" scritto dai gemelli Alfonso e Nicola Vaccari, con piacere pubblico una nuova edizione del racconto.

Un giorno mentre correggevo assieme agli scrittori Alfonso e Nicola Vaccari un loro romanzo giallo "La rosa dell'est", Nicola mi chiese se poteva leggermi un piccolo stralcio de "L'alchimista delle acque", un libro scritto dagli stessi e pubblicato anni prima con un'altra casa editrice italiana. Dopo la lettura durante la quale Nicola si commosse nel profondo, mi domandò di valutare se fosse stato possibile ripubblicarlo con la nostra casa editrice. Io risposi di mandarmi il manoscritto che avrei visionato; purtroppo loro non ne erano più in possesso in quanto fu consegnato al vecchio editore e a quell'epoca non fu fatto un file word. Visto l'impossibilità di averlo, chiesi loro di spedirmi una copia del vecchio volume, e così fecero.

Una volta ricevuto, iniziai la lettura del libro. Pensavo fosse un classico romanzo fiction ma non era così, dalla prefazione si capiva chiaramente che era un racconto vero e vissuto in prima persona dagli stessi autori.

Quanti di noi, da giovani, per cercare di attirare l'attenzione di un'altra persona sono ricorsi a espedienti e metodi assurdi?
Leggendo questo racconto mi sono ritrovato un'altra volta a viaggiare con la mente anche nel mio passato, ricordando alcuni dei miei espedienti per avvicinare una persona, purtroppo non riuscendo sempre a ottenere validi risultati.
Si ripensa alla spensierata innocenza adolescenziale dei giovani di un tempo, dove il materialismo non era ancora entrato in tutte le famiglie e i ragazzi non erano portati dai genitori fin sull'uscio della scuola con l'auto, ma si doveva percorrere a piedi il tratto di strada (fortunatamente non

così trafficato come oggi) che conduceva dalla propria casa alla scuola. Proprio in quel frangente si potevano osservare persone che non si conoscevano e da alcune esserne attratti quasi morbosamente, per il loro vestiario, i loro atteggiamenti o il loro modo di essere, tanto da voler sapere chi era quel tale e come viveva; in pratica si voleva cercare anche un contatto, una parola. Questa è stata un'esperienza che gli stessi scrittori hanno vissuto sulla loro pelle e che ha sicuramente lasciato un segno nel loro cuore a tal punto che dopo molti anni hanno deciso di scriverne un libro.

Essi ricordano precisamente i fatti accaduti e come conobbero il misterioso vecchietto "CAPALTIN" e come a loro insaputa quest'uomo fece breccia nel loro cuore.

Non sto a rivelarvi il contenuto di questo libro nei particolari, vi lascio alla sua lettura. Vi consiglio di immedesimarvi e di vivere il racconto, quindi leggerlo in tranquillità, e perché no, magari vicino al fuoco seduti in una comoda poltrona avvolgente.

Vi auguro una buona lettura, la stessa che mi ha fatto prendere la decisione di re-editare e di ripubblicare il libro sotto la nostra casa editrice scozzese, perché fu un'esperienza speciale che al giorno d'oggi non tutti hanno avuto l'opportunità di avere con la stessa spensieratezza e lo stesso avido desiderio di conoscere una così unica persona.

Con questo loro primo racconto i gemelli Vaccari hanno dimostrato di essere degli ottimi scrittori. Vorrei precisare che gli autori a tutt'oggi conservano la più alta, rispettosa considerazione e stima del personaggio "CAPALTIN", pur amareggiandosi nel loro cuore di non aver potuto... (il resto lo scoprirete leggendo).

L'ALCHIMISTA DELLE ACQUE

*E se invece costui non cerca nulla
e si limita ad avvicinarsi alla sua finestra
soltanto da uomo stanco
che alza e abbassa gli occhi
fra la gente e il cielo...*

(F.Kafka, La finestra sul vicolo)

Alfonso e Nicola Vaccari

I

Capaltin, un nome strano e curioso: uno dei ricordi più belli della nostra fanciullezza.

Così era soprannominato da alcuni forlivesi, Capaltin[1], che in dialetto dovrebbe significare "vestito di stracci"; probabilmente era sinonimo si trasandato, cencioso, lacero... forse tale nomignolo era solo una invenzione di qualcuno e può darsi avesse poco a che fare col vero idioma del dialetto romagnolo; sta di fatto che a Forlì molte bocche continuavano a pronunciare quell'appellativo, convinti che gli calzasse a pennello. Lo conoscemmo per caso e la sua persona ci suscitò enorme curiosità, fino ad esserne attratti e conquistati.

Questa storia la narriamo insieme, perché insieme siamo stati testimoni di tutti gli eventi qui descritti. Avevamo a quel tempo poco più di tredici anni: eravamo dei ragazzini, per cui ogni cosa e persona insolita ci attraeva e suscitava in noi sensazioni e fantasie proprie dell'età. Oggi ci vien da pensare che a Forlì non si vedranno più tipi tanto singolari come Capaltin. Chi lo ha conosciuto senza dubbio lo ricorderà come una figura particolarissima, inimitabile.

Era davvero unico nel suo genere; un personaggio caratteristico che si distingueva da tutti e che da tutti era osservato e un po' deriso. Non è però da escludere che

---

[1] Un noto rigattiere forlivese portava lo stesso soprannome di Capaltin. Non ha naturalmente nulla a che fare con Vittorio Liberati, il protagonista della nostra storia.

qualcuno riuscisse a guardarlo con rispetto e simpatia.

Allora non sapevamo certamente dargli una età. A quel tempo quando ci accorgemmo di lui, forse contava la bellezza di ottanta primavere, ma potevano essere anche di più. Ricordiamo soprattutto la singolare grazia di quel vecchio! Aveva un volto sereno e rilassato, bello come fosse di marmo scolpito; a differenza di molti suoi coetanei egli rifletteva qualcosa di superiore e di indefinibile, possedeva in sé un'espressione di purezza che pareva scaturirgli naturale dall'animo. In lui traspariva una calma che si ritrova solo in rare persone, le quali, dopo una lunga vita di travagli, non desiderano più nulla e perciò sono felici ed imperturbabili, consapevoli forse di aver raggiunto la propria meta, conosciuta la verità dopo il risveglio dai torpori e dagli egoismi di gioventù.

Può darsi che Capaltin possedesse una chiarezza interiore paragonabile a quella di un saggio. Il mondo è solito incuriosirsi di questo tipo di uomini, perché in essi traspare un'eccentrica personalità. Si sarebbe detto un personaggio uscito da un racconto di Henry James. Già a quel tempo pur se ingenui e fantasiosi, fummo capaci di leggere in quel vegliardo una sorta di "semplice complessità." Aveva occhi azzurri, trasparenti e chiari come il colore turchino dei mari del sud, occhi penetranti ed espressivi che magnetizzavano. Il suo sguardo aveva la forza dell'aurora e del crepuscolo, due tipi di intensità profonde che rivelano sia la nascita, sia lo spettacolo di una morte che, a sua volta, annuncia un nuovo ciclo e una nuova vita. Da quello sguardo trapelava una sorgente di vitalità e di volontà.

Il volto senile non esprimeva stanchezza, bensì fermezza d'animo e di spirito, alla pari di un sapiente che tenacemente osserva, scruta attorno a sé, assorto in un silenzio superiore.

Un giorno ci parve di leggere in quegli occhi turchini un antico disprezzo per la stoltezza e l'ottusità degli uomini: fummo turbati da un brivido. Spesso ci domandavamo se credesse in Dio, in un'entità superiore e divina, quale fosse il suo credo, la sua fede. Ma ancora oggi lo si potrebbe solo classificare in quel tipo di uomini che non cercano nulla e che conservano un ostinato atteggiamento di profondo distacco nei riguardi del mondo e del divino. Probabilmente imbastiva la sua redenzione nelle maglie sottili del dissolvimento della propria esistenza.

Sembrava nato da una favola. Aveva il capo pelato, roseo e lucido come una biglia; sulla fronte spiccava un curioso ciuffo bianco simile ad un batuffolo di cotone.

Le sopracciglia anch'esse bianche, sporgevano dal viso come incollate. Dietro al capo, attorno alla nuca, pochi fini capelli si raccoglievano in vaporosi ciuffi d'un bianco crema. A vederlo di profilo il naso era leggermente curvo e il labbro inferiore sporgeva, conferendogli un'espressione indomita e nobile. Capaltin, data la veneranda età, era sostanzialmente privo di denti: le mascelle e le labbra appoggiavano mollemente su se stesse in modo da arrotondare i muscoli facciali. Tali dettagli trasmettevano al viso tratti di indubbia fierezza, tanto che, quando si concentrava assumeva una forza espressiva pulsante. Ricordava i profili dei vecchi disegnati da Leonardo da Vinci (come la quarta figura delle teste grottesche del disegno a penna su carta bianca di Windsor, Royal Library, e più vagamente come il vecchio visto di profilo di fronte all'adolescente, esposto agli Uffizi di Firenze).

La sua camminata non era goffa o impacciata: nonostante l'età quell'uomo se la cavava benissimo. Possedeva un'andatura sicura, seppur raramente accelerava il passo, e lo si poteva persino perdere di vista, quando — convinti di controllarlo a distanza durante i nostri inseguimenti — una banale distrazione ce lo sottraeva allo sguardo, ed egli svaniva dietro i riverberi dell'asfalto, inghiottito dai vicoli inondati di sole.

Possedeva una vecchia e cigolante bicicletta grigia dal manubrio arrugginito, con la sella avvolta di stracci e nylon. Il cigolio della catena, che subito riconoscevamo, ci giungeva a poca distanza come una sorta di allarme: scattavamo all'inseguimento, o se non ci riuscivamo, restavamo a guardarlo allontanarsi e farsi piccolo piccolo finchè si perdeva nelle prospettive della città. Capaltin vestiva l'essenziale: indossava quasi sempre panni leggeri e d'inverno aggiungeva al solito abbigliamento un liso cappottone grigio. Era un uomo di fibra forte che non temeva il gelo, e nelle stagioni meno rigide portava una semplice maglietta a maniche corte color giallo ocra, non troppo consunta, pantaloni di tela larghi e gonfi color marrone seppia che si stringevano leggermente alle caviglie lasciandole scoperte, ben visibili tra le scarpe e l'orlo. La cintura era sostituita dal bizzarro, inconsueto espediente di un cordoncino infilato nei passanti e annodato.

La stoffa dei pantaloni presentava in più parti dei rammendi e qualche pezza ricucita di diverso colore. Un giorno lo vedemmo persino senza quel cordone, ché i larghi calzoni erano retti da mollette di legno fissate al bordo arrotolato in vita. Era davvero stravagante! La gente sussurrava al suo passaggio: "ma come si concia quello?"

Calzava scarpe logore che parevano quelle dei clowns. Le suole erano staccate in punta, il tacco visibilmente consumato, il cuoio era tagliato, come inferto da colpi di rasoio, mentre i lacci avevano sfilacciamenti tali che parevano stessero lì lì per spezzarsi. Ma lui non sembrava affatto preoccuparsi dello stato in cui era, imperturbato e tranquillo se ne andava così, per le strade, solitario e sbrindellato, incurante di noi e di ogni possibile giudizio, sotto i nostri occhi perplessi che lo scrutavano da lontano mentre si trascinava dietro la sua inquietante ombra.

Capitava, quando gli gironzolavamo accanto, che scoppiassimo in squillanti risate che tentavamo invano di soffocare portandoci una mano davanti alla bocca, ma senza sapere se lui capiva il nostro burlesco indagare. Non batteva ciglio. Tuttavia nessuno di noi due aveva il coraggio d'avvicinare quel misterioso vecchierello che, in realtà, c'incuriosiva tremendamente, ma c'intimoriva anche, in proporzione al fascino esercitato. È vero: provavamo sentimenti d'attrazione, timore e curiosità al contempo. Non v'era dubbio che fosse un soggetto particolare, non solo insolito, ma sprigionava un autentico magnetismo personale. Eravamo sempre più impazienti di sentirne la voce, ma soprattutto nei primi tempi non ce ne fu data occasione.

Comunque eravamo desiderosi di intraprendere con lui un dialogo, se pur breve. D'altronde per ottenerlo occorreva avvicinarlo e non ne avevamo proprio il fegato. Capaltin era molto strano nei comportamenti, diremmo quasi assurdo, come già spiegato. Ma vale la pena scendere di più nei dettagli. Assumeva pose insolite: si appoggiava su una gamba e poi dondolava, infine si drizzava di scatto ed alzava il capo, appoggiando entrambe le mani chiuse a pugno dietro alla zona lombare. Così facendo alzava fiero lo sguardo, prima al cielo e poi diritto a sé. Gesti rituali come di chi posa con lo scopo di farsi notare, pur esprimendo una sorta di pacata indifferenza. Imbaldanzito, gonfiava leggermente il petto ora inspirando, ora restando immobile sui due piedi e, poco dopo, faceva perno sugli stessi ed iniziava a dondolare come una lancetta di metronomo, oscillando lentamente. Era affascinante avere l'opportunità di osservarlo a lungo, a pochi metri di distanza, quando egli fermava il passo.

I comportamenti di Capaltin si contraddicevano sovente, in quanto, dopo essersi messo spontaneamente alla mercé dei nostri sguardi, diventava repentinamente pudico e riservato.

Lo osservavamo camminare per le vie desolate del primo pomeriggio solitamente a testa bassa, chino, con le braccia dietro la schiena, i polsi incrociati uno sull'altro. Restava così per tutto il tragitto: con una mano teneva il polso dell'altra chiusa a pugno su un sacchetto di nylon, che solamente più avanti apprendemmo contenere pentolini e stoviglie. La nostra memoria ce lo ripresenta in quel suo proseguire lento ma risoluto, con la testa leggermente china e lo sguardo fisso in avanti, con quel ciuffo bianco e ben pettinato che spiccava come un accento burlesco sulla fronte rosata. La barba incolta e rada, lieve peluria bianca, sotto la luce del sole luccicava unendosi candida all'idilliaca serenità dei suoi occhi cilestrini. Vagava così, del tutto assente, come stesse perdendo i pensieri altrove, con una malinconica fissità in volto; più lo spiavamo, più ci accorgevamo che c'era qualcosa di "straniante" in lui.

Come d'incanto Capaltin ci catapultava lontano: percepivamo la sua persona emanare forza e verità, sebbene tra noi e lui ci fosse un mare di eternità e segreti. Quando le strade, i vicoli se lo portavano via, rimaneva solo il ricordo di un ometto fiabesco, divenuto fantomatica immagine della memoria; tutto allora suscitava una sensazione visionaria, tipica di chi di immaginazioni e sogni è lieto di campare. Classificammo Capaltin un'incognita, un vero enigma. Per noi seguirlo, sorprenderlo, attenderlo nascosti dietro un'auto, all'uscita di casa, diventò un tale divertimento da eccitare e stuzzicare la già fervida fantasia. Di ciò mai se ne avvide? Forse lo possiamo soltanto intuire, ripensando a come sembrasse talvolta farsi complice del nostro gioco infantile offrendoci, liberamente, l'occasione di spiarlo. Nonostante questo, continuammo a pensare che, il più delle volte, il nostro sguardo indiscreto lo infastidiva e pertanto il nostro approccio seguitò con la dovuta cautela... sempre!

II

Erano gli anni settanta quando, con nostra madre, ci trasferimmo da via dei Filergiti in via Francesco Nullo, al numero 80. La palazzina era di tre piani e noi abitavamo all'ultimo. Sulla strada c'era un chiassoso bar, affollato per la maggior parte da persone anziane, facili al bere, quanto mai inclini al gioco d'azzardo.

C'era sempre un gran baccano là dentro: urla, rumori di sedie e di tavoli spostati. I vecchi giocavano a biliardo oltre che a carte e ci sembra ancora di sentire il fracasso delle bocce che cadevano in terra con botte secche e discontinue. Quell'ambiente tra l'altro era saturo di fumo. A parte questo, in quella casa ci sentivamo a perfetto agio; i padroni dello stabile erano persone rispettabili con le quali instaurammo subito ottimi rapporti.

Il nostro appartamento era sufficiente per tre persone (da quando avevamo cinque anni siamo orfani di padre): un ampio salone, una cucina altrettanto grande, la camera da letto di nostra madre, il corridoio d'ingresso, il guardaroba, un bagno e la nostra camera.

La porta-finestra della nostra stanza dava su un terrazzino che si sviluppava in lunghezza, sufficiente per giocare, da cui si godeva di una bella vista; le case agglomerate, una prospiciente all'altra, con terrazzi e cortili, offrivano un panorama caratteristico ove lo sguardo poteva posarsi fantasticando, rimirando i muri di quelle vecchie case sospese nel tempo; le ringhiere in ferro battuto dei terrazzi si arricchivano di vivaci colori: un po' ovunque spuntavano vasi di gerani, pervinche, convolvoli, petunie, edere rampicanti.

Muri grigi e bianchi o color pastello formavano una tavolozza astratta e monocroma mostrando cicatrici e croste di muschio che velavano di scuro i mattoni sottostanti.

Nel ridente incastro di tetti, di muretti e di terrazzi, echeggiavano voci e suoni ormai familiari, come il lamento incessante di qualche gatto solitario durante la stagione degli amori. Camini di ogni forma e misura spuntavano come sentinelle tra le tegole, le antenne della televisione luccicavano come fioretti al sole, coi loro pali alti e talvolta pendenti, assieme ai lunghi tiranti d'acciaio. Osservare tutto ciò con lo stupore dei tredicenni era per noi semplicemente bello.

Per quanto fossero immagini ordinarie, esse rappresentavano fonte di ispirazione di ardite fantasie; ogni particolare consueto accendeva una miccia di desiderio di evasione che esplodeva nella più ampia e libera divagazione.

Oltre quei tetti, contro il cielo, si stagliavano nitide nelle giornate soleggiate, le due esili figure del campanile di san Mercuriale e della Torre Civica. A circa trenta metri dal nostro terrazzo invece, dietro a un lungo e massiccio muro di mattoni rossi, c'era una vecchia casa bianca. Là abitava Capaltin; ergendosi la costruzione esibiva l'ampio prospetto bianco.

La facciata si offriva ai nostri occhi con la parte sinistra del tetto leggermente più spiovente e, nel punto di congiunzione con lo spigolo del muro, un tubo della grondaia scendeva prima con due curve a gomito, per poi continuare diritto e perpendicolare. L'intonaco si lacerava in diverse chiazze grigie mettendo in evidenza crepe e rigonfiamenti.

Un blocco di muro sporgeva al centro e per tre quarti un lungo balcone, dalla ringhiera arrugginita, occupava la parte superiore. Sul terrazzino, nella parte destra, c'era una porta chiusa (il legno era piuttosto sconquassato), e alla sinistra stava una finestra rettangolare della quale l'anta era abbandonata da tempo all'angolo del terrazzo e che appoggiava al muro. All'estrema destra, poco più in alto, si trovava una finestrella provvista di una sola anta, intorno alla quale, l'intonaco si sgretolava con più evidenza rispetto alla restante facciata. Si trattava di un vano-solaio lasciato a se stesso, una obsoleta soffitta piena di ferraglia e polvere. Nel tratto sporgente del muro, poco più in basso, sulla sinistra a ridosso del balcone, vi era una piccola tettoia di cemento ove sostavano spesso i piccioni, e sotto di essa c'era un'ampia finestra rettangolare con telaio munito di vetro. Anche quand'era chiusa, oltre il vetro, scorgevamo sempre un buio profondo, un vano scuro, uno schermo cieco senza luce, ove un bel giorno apparve improvvisamente la sagoma di un inquilino misterioso.

Era lì che viveva Capaltin; da quella finestra compariva e scompariva.

Alla destra stava un'altra apertura, piccola e quadrata, d'aspetto piuttosto trasandato, priva di vetri, ma coperta posticciamente da uno sgualcito foglio di nylon opaco. Presumemmo fosse la finestrella del bagno. L'aspetto decadente della casa faceva pensare che un giorno non lontano, l'avrebbero abbattuta per costruire nuovi palazzi e abitazioni moderne; ma intanto era lì, da chissà quanti anni.

Fu per caso che ci accorgemmo del vecchio.

Era un assolato pomeriggio e da poche settimane avevamo preso possesso del nostro nuovo alloggio. Stavamo in terrazzo, si giocava al tiro al piccione, con una cerbottana di metallo caricata con proiettili di plastilina. I volatili grigi e bianchi, chiazzati di marrone, si posavano sui tetti e sui cornicioni, dopo lunghe e libere cabrate.

Per noi, naturalmente, la finestra di Capaltin era ancora una comune finestra come tutte le altre. Quel giorno era aperta: la sagoma rettangolare nera risaltava nitida sullo schermo brillante della bianca facciata della casa; soltanto la linea un po' curva di una cordicella appesa da un'estremità all'altra interrompeva quello scuro rettangolo. Esercitando tranquillamente il nostro innocuo tiro al piccione, d'improvviso uno di noi s'accorse della presenza di una figura umana al di là di quella finestra, dalla quale infatti apparve un uomo di media altezza, anziano, che camminava frontalmente a testa china, ignaro di essere osservato. Poiché il suo corpo, investito da un raggio di sole, divenne roseo e luminoso, ben visibile nelle fattezze, ci avvedemmo di lui che si stava muovendo probabilmente entro lo spazio della sua camera da letto. Era completamente nudo; con nostro gran sconcerto lo vedemmo chiaramente, perché il vecchio, allontanandosi ed immergendosi nel buio della stanza, ci mostrò per intero la nudità e quindi i glutei scoperti. Scoppiammo a ridere senza capacitarci come costui avesse il coraggio, alla sua età fra l'altro, di esporsi alla finestra aperta, senza indumenti. Si mostrava impudicamente, svestito, sfrontatamente, senza porsi alcuno scrupolo.

"Quello dev'essere matto del tutto!" esclamò uno di noi.

Il suo era un corpo sano ed ancora vigoroso, nonostante la vetusta età, il torace leggermente attraversato da una peluria canuta a forma d triangolo, il ventre un po' rigonfio e le spalle di un rosa carico, come fossero scottate. Quando l'uomo tornò alla finestra, potemmo scorgere stupefatti il pene ciondolante fra le cosce.

L'evento ci sembrò davvero eccezionale e siamo certi, oggi a distanza di anni, che tutto l'interesse — che la mamma e i parenti giudicavano un po' morboso — nei confronti di Capaltin, nacque in conseguenza della scoperta di quella nudità che si svelò a noi con la scossa di un urto tellurico, tanto inconsueta ed eccezionale ci apparve.

Se il vecchio lo avessimo scoperto come un comune inquilino dentro il suo appartamento, modestamente vestito, magari con il toscano tra i denti, avremmo apprezzato di una tale immagine la semplicità nostrana e verace del caratteristico vegliardo di Romagna. Probabilmente il gioco "dello spiare" non si sarebbe innescato con tanta enfasi, se non fossimo stati testimoni d'una tale esilarante stramberia.

Capaltin, potremmo dire, conquistò la nostra ludica stima con una semplice... snudata domestica! ovviamente tutto quanto di unico, straordinario o di ulteriormente eccentrico lo riguardò, si assommò a tale episodio, facendoci ancor più apprezzare ed amare la sua persona.

L'insolito nudista chiuse poi la finestra ponendo fine agli sguardi indiscreti. Alzò il capo soltanto per un attimo senza darci l'impressione d'averci visti e, mentre

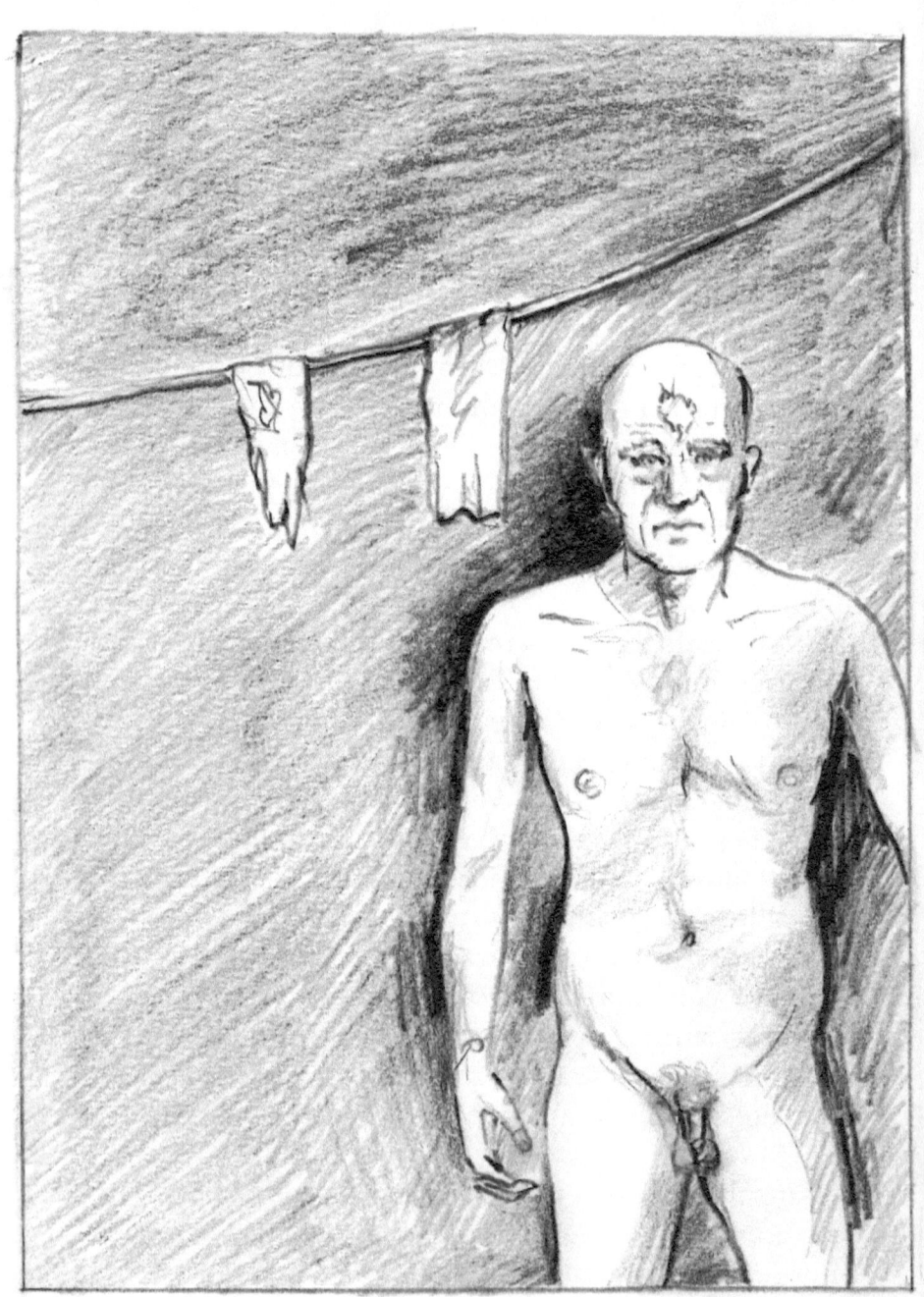

si apprestava a chiudere, notammo per la prima volta il bizzarro ciuffo bianco sulla fronte. Il vetro della finestra ora ci restituiva ironicamente il riflesso del nostro stesso palazzo e quindi una vaga immagine di noi, lontani, giovani vedette sul terrazzo; restammo fermi con la speranza che riapparisse. D'ora in avanti spiarlo sarebbe diventato il gioco preferito. Perciò il diletto si protrasse per giorni e giorni, mutandosi presto in abitudine.

Ci procurammo dunque un binocolo per osservare meglio i particolari e tutto ebbe inizio. Spiavamo il corpo nudo con indiscreta ilarità ed imparammo a conoscere le fattezze del dirimpettaio, i gesti, le abitudini, le improvvise stranezze, finché la curiosità sfiorò l'eccesso. Naturalmente a quel tempo ancora non sapevamo che quell'uomo fosse soprannominato Capaltin, per cui lo appellammo dapprincipio 'il misterioso nonnino'.

Per quanto tempo egli rimase ignaro di noi non lo possiamo proprio dire, ma sicuramente venne il periodo in cui non diede a vedere di essersi accorto della nostra presenza, mentre da parte nostra restava l'incognita di agire clandestinamente o all'insaputa del vecchio. Più i giorni si susseguivano l'uno all'altro, più l'immaginazione metteva le ali formulando le ipotesi più assurde. Continuammo a spiarlo per interi mesi, servendoci spesso del binocolo. Sentivamo di non poter "abbandonare" quello stravagante uomo. Pian piano ci affezionammo a lui. Continuando a vederlo apparire da quella finestra buia, non era difficile tenerlo d'occhio anche senza l'ausilio del binocolo. Argomentavamo spesso su Capaltin, persino con gli amici di scuola. Commentavamo i suoi atteggiamenti più singolari, deducevamo e valutavamo, confrontandolo con la molteplicità degli individui. Tutto ciò che lo riguardava andava sempre più colorandosi delle sfumature dell'immaginazione. Ma più incalzante fra tutte era la domanda: come mai costui, senza pudore, si aggira nudo in casa tenendo la finestra aperta?

Si osservava Capaltin aggirarsi nell'oscurità della camera (data la distanza sembrava in assoluta penombra) e potemmo constatare l'esistenza di un letto composto da un materasso a strisce marroni e bianche su di una rete. Nient'altro.

Facemmo questa osservazione grazie alla postazione elevata in cui ci trovammo un pomeriggio, ossia dal terrazzo del solaio di sopra, quest'ultimo era già di per se stesso luogo per noi arcano ed un poco pauroso per le cianfrusaglie che presentava, per la sconnessa ed incompiuta sistemazione architettonica che si articolava in stanze attigue l'une alle altre dai muri senza intonaco, squallide e cupe, prive di porta vera e propria — a sostituzione pannelli di faesite od ondulina agganciata con fil di ferro — ricolme talune di masserizie inutili, ed altre lugubremente vuote.

Difatti quel posto triste e squallido significava per noi un preambolo all'avventura che ci faceva poi accedere a quella vera e propria dell'osservazione segreta del vecchio.

Capaltin camminava su e giù per la stanza, poi sedeva sul letto intento a fare qualcosa che non riuscivamo bene a comprendere. Dopo qualche istante veniva alla finestra e s'appoggiava coi gomiti al parapetto. Restava affacciato con aria disinvolta, sino a quando decideva di rientrare e allora spariva per ore ed ore.

Non tardò ad arrivare il giorno in cui finalmente si accorse di noi. Fu un attimo, come quando due persone guardando da direzioni opposte incrociano casualmente lo sguardo, così i nostri occhi, una mattina, incontrarono le sue pupille celesti... fu come trasalire di colpo.

Percepimmo in lui un milionesimo di attimo di arresto: parve si fosse impresso nella pellicola dei nostri pensieri un sentimento reciproco, di comune intesa. Poi tutto tornò normale.

D'inverno, ovviamente, la sua finestra era quasi sempre chiusa, ma attraverso il vetro notavamo che continuava a girare nudo per la stanza e a volte anche vestito, ma sempre con panni leggeri. La sera nessuna luce si accendeva dentro quella finestra, la quale rimaneva inspiegabilmente buia, ostinatamente nera.

Sicuramente Capaltin si coricava non appena il sole tramontava. Di notte qualcuno avrebbe vegliato su di lui? Chissà cosa erano i suoi sogni; forse i suoi pensieri salivano furtivi verso le alte stelle, immobili e distanti, come quell'uomo che giaceva supino su un letto dimesso, umile e povero, in una stanza cupa, dentro una vecchia casa senza tepore.

Indubbiamente restare nudo significava non avere la possibilità di vestirsi e quindi una mancanza quasi completa di denaro: una povertà evidente ai nostri occhi ma inesplicabile.

Capaltin, a quanto costatammo, sembrava facesse a meno della luce elettrica per dispensarsi dal pagarla, ed era anche evidente che, visto dove viveva, l'affitto doveva essere dei più parsimoniosi. Ma come poteva, dunque, resistere in uno stato così precario?

Nonostante tali sentimenti dobbiamo riconoscere

che ci comportammo con lui da autentici discoli. Subentrò alla fine la spregiudicatezza del gioco irriverente, tipica dell'età; eravamo irresponsabili e, in quanto tali, insolenti.

Un giorno ci venne la brillante idea di adottare come bersaglio per la cerbottana la finestra aperta del vecchio. Era divertente centrare con tiro maestro quello spazio rettangolare per attirare la sua attenzione. Ma non era facile, data la distanza.

Iniziammo l'attacco prima che Capaltin si affacciasse, certi comunque che fosse in casa. Il primo che tirò mancò il bersaglio; il proiettile di carta si infilò tra le tegole della tettoia dell'alto muro che precedeva la vecchia casa. Provò l'altro, e ancora i "pirulotti" sfrecciarono senza entrare colpendo il muro poco più sotto la finestra. Altri tentativi altri fallimenti finché uno di noi due si appoggiò con la canna alla ringhiera del terrazzo, si curvò per prendere meglio la mira, inspirò profondamente e soffiò con forza finché il proiettile saettò veloce e preciso, centrando finalmente il rettangolo nero. Esultammo per il tiro andato a segno.

Divertiti e compiaciuti entrammo poi nella nostra stanza, facendo capolino da dietro la porta-finestra in trepidante attesa di una imminente reazione di Capaltin. Attendemmo, prima in silenzio, poi commentando fra noi. Poco dopo comparve finalmente mostrando il leonardesco profilo e con gesto incurante, senza minimamente guardare nella nostra direzione, lanciò fuori il "pirulotto", come quando si elimina un mozzicone di sigaretta.

Dopodiché chiuse la finestra e vedemmo il suo corpo nudo girarsi di spalle e svanire oltre il vetro, oltre il buio.

Tutto questo alimentò il nostro fantasticare: spesso immaginavamo di scorgere oltre la lastra di vetro della finestra, Capaltin con un candelabro in mano, come la Lucia dello sceneggiato televisivo *Il Segno del Comando* di Daniele D'Anza. Il volto illuminato da tremuli bagliori rossastri, in una notte di plenilunio. Figura spettrale e surreale! Inoltre, c'era una colonna sonora di Berto Pisano, di un altro famoso sceneggiato televisivo: *A Blue Shadow*, che a quel tempo, e ancora oggi… associavamo alla misteriosa immagine di Capaltin.

Alfonso e Nicola Vaccari

III

Un giorno venimmo a conoscenza di un altro personaggio alquanto particolare che abitava nello stesso stabile di Capaltin, ma ad un piano inferiore. Si trattava di un uomo anzianotto che viveva con la vecchia moglie, timida e dalla voce flebile.

I primi ragguagli riguardo Capaltin li avemmo proprio da costui: il signor Roventa[1].

Aveva solitamente un'espressione arcigna che incuteva soggezione, tuttavia quel volto scuro si congestionava di improvvise risate gracchianti che gli alteravano grottescamente i connotati: modi bizzarri, irascibili e smargiassi. Aveva il viso aspro, pieno di rughe, il naso sembrava un fico maturo e teneva i capelli ben spazzolati all'indietro, brizzolati, con una visibile stempiatura.

Non era che un poveraccio pieno di vizi, che portava nell'animo il peso di notti passate in bianco a bere, e i suoi occhi corvini, perennemente lucidi come quelli di un passeraceo, palesavano tali sregolatezze. Quando parlava non pronunciava pienamente ogni singola parola, soffiava e fischiava come una vecchia cuccuma. Standogli vicino si percepiva un odore rancido, misto di sudore e vino che nauseava.

Nonostante l'apparenza sarcastica a volte risultava anche simpatico, perché, in fondo, il suo comportamen-

---

[1] Qui come per il signor Rizieri, che incontreremo più tardi, utilizziamo un nome di fantasia

to tradiva una posa di falsa efferatezza.

Bisogna dire che il signor Roventa, se non fu eccessivamente stupefatto nell'apprendere che sul conto di Capaltin noi desideravamo sapere un certo numero di cose — non tardammo a prendere l'iniziativa di chiedergli ragguagli — ebbe dapprincipio un comportamento piuttosto schivo.

Quell'uomo torvo passeggiava quasi sempre con una piccola cagnetta al guinzaglio, un incrocio di pechinese che saltava, abbaiava come una forsennata e lui infieriva riempiendola di vituperi.

"Un giorno o l'altro la strozzo, la strozzo!" Diceva. Poi le parole gli si smorzavano in gola, seguite da una tosse convulsa.

Quando con un po' di coraggio, tentammo di avvicinarlo, si rivelò burbero e scontroso, trattandoci da discoli troppo vivaci e ficcanaso. Non gli piacevamo, si irritava e ci rimproverava di spaventare la cagnetta, chiaro indizio che di parlare con noi proprio non voleva saperne.

Una sera, era da poco uscito dal bar, lo vedemmo dirigersi verso casa camminando a testa bassa, un braccio abbandonato penzoloni e l'altro appoggiato sul manubrio della sua bici, ove era legato il guinzaglio dell'animale.

Capimmo subito che era ubriaco. Barcollava fermandosi ogni tanto, cercando di prendere respiro; tossiva, sbadigliava, si grattava la nuca con una smorfia grottesca, sputava in terra.

Quando il signor Roventa parlava all'animale lo faceva come se stesse recitando una preghiera, con quella voce bassa e strascicata, interrotta da raschiate di gola.

Chiamava la cagnetta per nome ed essa pareva davvero rispondergli con lo sguardo sottomesso abbaiando rumorosamente, o fischiando dalle fauci.

Ci facemmo coraggio e ci avvicinammo a pochi centimetri da lui. Uno di noi urtò di proposito il manubrio della sua bicicletta e venne afferrato per un braccio; il signor Roventa ebbe un sobbalzo sgranando gli occhi velati dall'ebrezza, occhi infiammati orribilmente, spiritati e folli. L'uomo rideva sguaiatamente e balbettava frasi incomprensibili, sino a che... sembrò sentirsi male. Emise uno strano respiro, simile a quello degli asmatici. Paonazzo in volto, si dimenava facendoci rimanere impietriti dallo spavento. Il tanfo dell'alito puzzolente d'alcool, di cui tutto il suo essere pareva impregnato, lo rendeva più disgustoso. I capelli impomatati gli si appiccicavano sulla fronte sudata.

Il signor Roventa cominciò poi a sbraitare: "Cosa volete, eh? Cosa volete?" e sparò una bestemmia.

Atterriti e sconcertati scappammo di corsa con molto disgusto nell'animo. Eravamo in preda all'agitazione, come se avessimo visto il lupo mannaro.

Senz'altro il signor Roventa, vivendo nella stessa casa ove abitava Capaltin, lo conosceva bene (almeno non era difficile supporlo), e l'unica persona che poteva darci informazioni su quel misterioso vecchietto era proprio lui; cosicché superammo, dopo un po' di tempo di riflessione, il grande spavento della prima volta e tentammo d'avvicinarlo nuovamente. Inizialmente si comportò ancora in modo torbido ed equivoco, tuttavia, badando bene in quell'occasione di non trovarlo ubriaco, riuscimmo ad ottenere uno scambio di parole senza incidenti.

Un giorno lo incontrammo in via Maceri; il signor Roventa volse lentamente lo sguardo verso di noi che lo stavamo pedinando, avendolo poco prima perso di vista. Ci fissò con un sorriso malizioso, aggrottò le nere e folte sopracciglia strofinandosi la barba incolta col palmo di una mano, poi sorrise nuovamente con fare caramelloso.

La cagnetta gli era sempre appresso, e lui teneva al fianco la sua bicicletta. Lo guardammo con circospezione fingendo naturalezza e disinteresse, ma lui ci folgorò improvvisamente, superando ogni aspettativa e precedendo le nostre intenzioni che si sarebbero palesate di lì a poco, uscì fuori con questa esclamazione: "Ehiii! Ehi voi!" E arrestando il passo disse con voce roca: "Mi ronzate attorno perché volete sapere certe cose su quel vecchio, vero?".

"Cribbio, ci ha riconosciuti!", pensammo atterriti.

Stavamo lì lì per fuggire, quando quell'uomo continuò a parlare guardandoci fissi in volto: "Non fate gli indiani, per la miseria...non abbiate paura mondo cane, sapete bene di chi parlo, intendo il vecchio pelato, sì... proprio lui: Capaltin! Lo spiate sempre, non è vero?", concluse con una risata gracchiante. "Spiare noi?!", disse uno, mentendo malamente.

Ci avvicinammo, ormai quasi certi che il signor Roventa, almeno in quel momento, non fosse più l'essere burbero e spaventoso conosciuto qualche giorno prima.

Continuò: "Suvvia! Vi ha visti mia moglie, mentre era alla finestra. Lo attendete sempre sia quando esce di casa, sia quando sta per rientrare; poi rimanete nascosti dietro un'auto e continuate ad osservarlo sino a che non scompare. Oppure lo pedinate, birbanti..." A quel punto confessammo ma senza azzardare giustificazioni, e ad uno di noi venne naturale domandare: "Come lo avete chiamato? Ca...ca...pan..."

L'uomo scoppiò di nuovo in una sghignazzata feroce che echeggiò nella strada semivuota.

"Noo, mondo ladro... Capaltin, Capaltin!"

Fu così che per la prima volta imparammo il soprannome di quel vegliardo che ci aveva tanto incuriosito e affascinato.

"Birbanti che non siete altro! Può sembrare matto Capaltin, ah, ah, eh sì, ma attenti, a quello non sfugge nulla, è furbo, ne sa una più del diavolo. Dicono che sia un sapiente, sapete?"

Per un istante credemmo che si burlasse di noi. "Perché lo chiamano Capaltin?"

"Capaltin?... che ne so io, mondo vigliacco. Forse per come veste, per quei dannati stracci che indossa; è un trasandato. Vive da solo, in modo strano, strampalato; vede le cose a modo suo." Tossì e poi continuò: "Se ne dicono tante sul suo conto che è un genio per esempio, un inventore! Ah, non fatevi infinocchiare, tutti chiacchieravano mondo bestia! Per me è solo matto, un fissato... andate, andate da Capaltin... ah, ah, ah!"

Ridendo sguaiatamente quel vecchio beone diede uno strattone al guinzaglio tirando la cagnetta a sé e prendendola in braccio, fece qualche passo trascinandosi la dimessa bicicletta.

Restammo muti con la mente in subbuglio. Si avviò lentamente verso via Francesco Nullo scuotendo il capo e gracchiando. Poi repentinamente si arrestò di nuovo, si volse verso di noi e disse: "Ah, scusate la maleducazione, non mi sono presentato, mi chiamo Roventa, molto piacere"

"Alfonso e Nicola", rispondemmo.

Ma noi sapevamo già il cognome di quell'uomo, lo andammo a leggere nella sua cassetta della posta, una volta che entrò nel portone, dopo che l'ebbe aperta.

Lo strano gioco che avevamo iniziato crebbe in entusiasmo; la smania di saperne di più su Capaltin divenne quasi ricerca di felicità. Nei giorni che seguirono infatti, quando vedevamo il vecchio aggirarsi per le vie del centro o semplicemente mostrare la sua nudità alla finestra, oppure mentre usciva dal portone della famosa casa, gli riserbammo maggiore attenzione. Il gioco acquistò il carattere di vera e propria missione.

Ma tornando all'ambiguo signor Roventa, insistette col dire che quel soggetto singolare aveva qualche rotella spostata; sospettammo che in cuor suo invidiasse un tantino Capaltin, forse per essere l'oggetto d'interesse di due ragazzini curiosi e fantasiosi, od anche per la leggenda che si era creata fra la gente, sebbene non tutte le opinioni sul suo conto fossero positive.

Il signor Roventa una sera fu stranamente più loquace ed aperto del solito, forse perché uno di noi fece il ritratto a penna alla sua cagnetta, e ci rivelò l'innegabile vocazione del vecchio ad un certo tipo di rinuncia e di povertà.

Parve avesse voluto attribuirgli una virtù, nonostante le opinioni su di lui espresse in precedenza. Comunque la sua fu una vaga affermazione che prendemmo superficialmente. Gli facemmo, poco tempo dopo anche il disegno di un somarello che ci chiedeva spesso.

Gli schizzi che gli offrimmo contribuirono a far nascere una piccola amicizia e così non lo tememmo più.

IV

Ci stupiva fuori misura come il vecchio Capaltin non si curasse del giudizio della gente. La sua era una forma di anarchia, per così dire, che includeva un disarmante comportamento libero ed indipendente, "autistico", nel segreto di un'autodeterminazione ferrea e indomita. Senza scendere a compromessi con nessuno, celebrava la propria indolenza esibendo un'assoluta semplicità di vita con la quale riusciva persino a frantumare la presunzione altrui. La sua solitudine era la via che lo conduceva a se stesso, sicuramente intrapresa con cuore sereno. Molto più tardi, riflettendo, capimmo che probabilmente era felice ed appagato. Forse guardava tutti noi come un asceta volge lo sguardo alla gente comune. Può darsi, ma non vi erano in lui, sicuramente, sentimenti di odio, quantomeno giudizi di intolleranza nei confronti del prossimo. Siamo certi ch'egli fosse comunque un virtuoso, un istrionico solitario, un illuminato, un puro.

Per diventare libero dovette chiudere a suo modo ogni debito col mondo, farsi immune da ogni condizionamento, sottrarsi agli uomini e alle banalità di tutti i giorni, per ricongiungere tutto nella propria pacata solitudine. Anche se queste nostre supposizioni fossero giuste, sarebbero ugualmente insufficienti a svelarne il mistero. Il ricordo che conserviamo gelosamente di Capaltin rimane quindi un affascinante problema insoluto che ci palpita nell'animo e ci commuove ancor oggi.

Per quel vecchio provavamo una strana soggezione

che non si fermava alla distanza degli anni che ci separava. Di fronte a lui correva dentro noi un fremito di paura misto ad un innamoramento che ci turbava e al contempo ammaliava; Capaltin... fortemente l'ignoto e quindi il minaccioso, ma anche splendidamente il soprannaturale e quindi la seduzione! Ce lo raffiguravamo come una mostruosa entità diabolica, altre volte per noi era un cherubino del cielo temporaneamente ospite della terra infame. Fantasticare in questa maniera su di lui era il sollazzo preferito quando si andava a letto la sera, e sotto le coperte ci dicevamo queste cose rabbrividendo un poco, addormentandoci poi con la brama di sognarlo.

Chissà se Capaltin, nel suo claustrale ritiro, la notte a sua volta ci sognava... rischiando probabilmente l'incubo?!

Tormentarlo ormai era diventato un vizio, che riconosciamo, oggi, non avremmo dovuto protrarre.

Presto si caricò la cerbottana con nuovi proiettili, forse più efficaci dei "pirulotti" di carta: usammo i pallini di plastilina, gli stessi che lanciammo ai piccioni.

Quando la finestra di Capaltin era chiusa miravamo al vetro, il quale, una volta centrato, tintinnava tremolando assieme alle immagini dei tetti e dei muri in esso riflesse. Spesse volte, sbagliando la mira, le piccole sferette grigie colpivano poco più sotto, macchiettando l'intonaco, oppure sfrecciavano perdendosi fra le tegole dei tetti circostanti. Ma se la finestra faustamente era aperta, i nostri proiettili, un tiro dopo l'altro, riuscivano ad entrare e con soddisfazione li vedevamo scomparire, come ingeriti da quel rettangolo nero.

In quei momenti ci sentivamo in un vero e proprio

campo di battaglia e la missione non doveva fallire!

Quel gioco per noi era più che eccitante, era addirittura galvanizzante e, per quanto si insisteva in caparbietà, i tentativi diventavano ardui, e allora sembrava quasi che tutta la buona sorte si fosse schierata, ironicamente, dalla parte del vecchio.

Un dì, persino, cosa da non credere, il destino volle che Capaltin venisse a chiudere la finestra proprio nel momento in cui stava arrivando il nostro proiettile, al quale non rimase che andarsi ad appiccicare sul vetro con un... avvilente toc! Non si accorse di nulla, fra l'altro. Dopotutto, il nostro intento era quello di attirare la sua attenzione; fargli i dispetti, quindi significava per noi distoglierlo da quel suo modo di fare assente, o forse meglio, da quel continuo ignorarci che ci disarmava, lasciandoci disillusi.

Essere ignorati da lui, a questo punto, diventava frustrante; ma nel contempo rendeva ancora più eccitante il gioco.

Il bombardamento andò avanti per giorni, fino a quando Capaltin diede segno di sé: finalmente apparve in tutta la sua espressività un pomeriggio di primavera.

La massa rosea emerse dal fondo buio come la materializzazione di un fantasma in pena; portava con sé un monito, secco e tagliente "smettetela, altrimenti chiamo la polizia!"

La voce di Capaltin! Per la prima volta ne udimmo chiaramente il suono e ci parve di provare ciò che si proverebbe ad ascoltare "quella" dei dinosauri! Essa echeggiò metallica da un anfratto all'altro dell'agglomerato di case. Aveva un timbro squillante dalla fonetica piuttosto anomala, perché le parole gli uscivano alquanto distorte, a causa della mancanza di alcuni denti anteriori.

Il vocabolo "Polizia" difatti suonò nella sua bocca come "Puliscìa."

Richiuse velocemente la finestra con un secco rumore producendo un eco minaccioso quanto le sue parole. Ci diede un ultimo sguardo attraverso il cristallo e scomparve poi mostrando la schiena che si confuse in dissolvenza nel tremulo riflesso delle facciate e dei muri adiacenti.

In quei frangenti cercavamo di indovinare cosa mai passasse nella sua mente; spesso la nostra coscienza era assalita da lieve inquietudine all'atto in cui ci sentivamo subitaneamente giudicati con severità da quell'uomo. Pensavamo a chissà quali sentimenti torbidi riservasse nei nostri confronti; fino a quanto avrebbe potuto tollerare la nostra ingenua insolenza, lui...così anziano e saggio? Speravamo che il vegliardo non ci disprezzasse sopra ogni cosa ed ogni concetto, a causa delle birbanterie.

Indubbiamente quello non era il modo migliore di ingraziarsi la sua amicizia. Tuttora rimembriamo il turbine che muoveva i nostri pensieri: forse era superiore anche a queste fanciullesche angherie, lui così diverso e distante da tutto, che aveva gli occhi chiari, lui dagli orizzonti dissolti nell'esistenza a lungo vissuta e contemplata. Quale meta inseguiva? A quanto si sentiva distante dalla fine, a quanto dall'inizio? Chissà se, come Zarathustra, "rideva di tutte le tragedie del teatro della vita", capace di elevarsi sopra il tutto, oltre ogni regola, ai confini delle cose?

Nonostante la sua ammonizione e qualche nostro scrupolo, non mutammo le nostre intenzioni, anzi! Qualcosa ci diceva, tra l'altro, che non avrebbe mai chiamato la Polizia. Dopotutto la noia che avrebbe recato a noi, prendendo tali provvedimenti, sarebbe sempre risultata minore di quella che lo avrebbe coinvolto. Non ci sbagliammo. Il suo fu soltanto un tentativo di intimidazione, ben lontano da una vera e propria intenzione.

Imperterriti seguitammo a tormentarlo; dal nostro terrazzo sembrava che ogni cosa fosse concessa. Ma seguirono giorni di tregua; poi ripartimmo lesti all'attacco. Una volta lanciammo verso la sua finestra diversi piccoli petardi, di quelli che si comperano nei negozi di "caccia e pesca", permessi dalla legge e che producono un bel fragore; se Capaltin fosse stato un po' sordo, quelli li avrebbe senz'altro uditi: il loro botto era tale da squarciare il silenzio del circondario. Uno solo di quei piccoli e sottili cilindretti rossi e verdi, una volta entrato attraverso la sua finestra, lo avrebbe fatto sobbalzare di colpo. Invece niente... il vecchio non lo si vide apparire; che non fosse in casa?

Fummo capaci di ben altro. Nostra madre aveva riposto in terrazzo una cassetta di pomodori nani da fare maturare al sole e all'aria. La verdura era giunta a giusta maturazione, ed alcuni frutti erano persino prossimi a marcire. Riaprimmo le ostilità lanciandone qualcuno, e a furia di tentativi, più di un pomodoro andò a spiccicarsi contro l'alto muretto di mattoni, antistante la sua abitazione; altri tiri andarono a segno centrando la finestra del vecchio. Accadde ciò che non doveva accadere. Questa volta, dall'oscurità del rettangolo nero resuscitò una figura silenziosa che, subito dopo, s'accese di grida mettendo allo scoperto l'intera sua persona. Ci apparve simile alla frenetica immagine sfaccettata di un quadro cubo-futurista, tanta era l'esagitazione: riuscì ad intimorirci e l'emozione di quell'attimo confuse i pensieri nella nostra mente.

"Furfanti – diceva – furfanti, chiamo la Polizia, stupidi furfanti... cialtroni!"

Scomparve, poi riapparve, lanciando fuori pezzi di

pomodori, e vedemmo la poltiglia delle polpe rosse schizzare dallo schermo scuro, simile ad una tela nera che vomitava chiazze scarlatte di colore. Uno stormo di piccioni si levò in aria con rumoroso batter d'ali. Chiuse repentinamente la finestra e l'urto sottolineò una rabbia mal trattenuta, che si estese con vigore inaspettato tutt'intorno. Poi il silenzio... non ci pentimmo di quell'azione, anzi, l'avvenimento ci diede gran sollazzo. Oggi ci rendiamo conto che sarebbe dovuto sorgere in noi un minimo di vergogna e pentimento. Ma l'insolenza dei ragazzi non conosce sosta quando ad ogni reazione della vittima si alimenta fortemente la fantasia; finché il "perseguitato" non adotta rimedi drastici, il fanciullo premediterà nuove monellerie. Difatti quel gesto indisponente ci esaltò e caricò di impudenza rinnovata.

Per ben altro tempo seguitammo a tormentare il povero Capaltin, qualche volta lanciando "pirulotti" di carta, altre volte facendo uso dei proiettili di plastilina, o ancora, avemmo la sfacciataggine di lanciare noccioli di pesca o di susina.

Quell'uomo spesso si conteneva, con una pazienza al limite della sopportazione, senza reagire, gettando fuori dalla finestra i corpi del reato, astenendosi da ogni infuriata. In altre occasioni, invece, ricominciava ad urlare, agitando un braccio con il pugno chiuso, e minacciando di nuovo di chiamare la Polizia. I discorsi fra di noi (presi dall'eccitazione della comparsa di Capaltin) pressappoco erano di questo tipo:

"Eccolo che arriva!"

"Si sta avvicinando alla finestra..."

"Passami il binocolo, fammi vedere."

"No aspetta. Guarda, si sporge!"

"Ma cosa fa, sputa?"

"Attenzione a non farci vedere, oh cielo, forse ci ha visti..."

Nostra madre dalla cucina che ci urlava: "Insomma, ancora con quel vecchio? Lasciatelo in pace... ma che mania, fatela finita!"

Col tempo cercammo di mitigare la nostra condotta, ma le monellerie presto riaprirono il gioco. In poche parole era più forte di noi, dovevamo a tutti i costi attirare la sua attenzione. Tale diletto ci entusiasmava, considerandolo legittimo. C'era forse bisogno di maggior intraprendenza, di più metodica, ossia di un vero e proprio piano d'attacco, mirato e intelligente, non inutile o dispersivo. Ma occorrevano anche scrupolosità e pazienza, se volevamo arrivare a comprendere il mistero di quel vecchio e conoscerlo, se desideravamo realmente conquistarlo.

Intanto spiarlo era già importante. La tregua momentanea fece sì che il suo comportamento rimanesse scevro da livori e da manifestazioni di minaccia.

Passò altro tempo. Presi da momenti di mansuetudine, ci venne in mente di alzare il braccio in segno di saluto, quando appariva alla finestra, ma lui non rispondeva, continuava ad ignorarci. Sostava affacciato mostrando il capo pelato; il ciuffo bianco sulla fronte risaltava dando al suo volto un'espressione quasi fiabesca. Immobile accanto al davanzale, pareva intento a rigirarsi qualcosa di indefinito fra le mani. Restavamo intere ore a spiarlo; la figura di Capaltin osservata attraverso le lenti del binocolo era per noi come un enigma da risolvere, e ci soggiogava a tal punto da ipnotizzarci. L'effetto lente, l'ingrandimento e l'avvicinamento dell'immagine, davano alla finestra, all'intonaco della casa, alla figura del vecchio, alle masse, ai contorni e alle linee, un non so che di miracoloso, come un'apparizione, un abbagliante miraggio!

Con più chiarezza contemplavamo quegli occhi azzurri sormontati da sopracciglia bianche e folte, grottesca invece era la mascella in continuo movimento, come se stesse masticando tabacco tra le gengive sdentate. Poi si sporgeva e sputava.

Accadeva che improvvisamente, alzando il capo, incontrasse il nostro sguardo e in quell'istante capivamo che, con ogni probabilità, ci aveva visti, riconoscendo i discoli del terrazzo di fronte; allora il nostro cuore sobbalzava con gioia, mentre egli si apprestava a scomparire di nuovo dentro al nero rettangolo chiudendo così la partita.

La sua nudità, col passare del tempo, per noi non fu più qualcosa di straordinario, in quanto ormai avvezzi a molti dei suoi comportamenti. La cosa tornava ad essere scandalosa stranamente quando lo si pensava in quella condizione.

Ormai Capaltin rappresentava per noi tutto un universo di cose, di simboli, di fantasie, di desiderio di evasione e di brama dell'imprevisto: quell'irresistibile ed irrefrenabile necessità, tipica della fanciullezza, di provare il brivido, la forte emozione, lasciandosi andare ad un divertimento liberatorio, cosicché la realtà diviene l'equivalente del sogno, il gioco come verifica degli atteggiamenti umani, così complessi ed inimmaginabili, come nel caso di Capaltin.

Viva gli strani, i diversi, gli eccentrici, i folli cari strampalati... dimenticati "vecchi."

Alfonso e Nicola Vaccari

V

Nei giorni soleggiati Capaltin si metteva a fare toilette alla finestra. Tranquillamente si esibiva nella pulizia del corpo strofinandosi petto e dorso, tutta la schiena, sotto le ascelle, sulle braccia, sul collo e sulla testa; con gran cura eseguiva i suoi preliminari di pulizia. Si inarcava, si allungava, piegava gli arti sporgendo i gomiti e girandosi a destra e a sinistra, roteando il tronco, sino quasi abbracciandosi. Usava dei cenci sottili, strisce di panno inumidite, strappate e logore, senz'altro troppo rudimentali per quella operazione. Non riuscivamo a comprendere come mai non facesse uso di comuni asciugamani o di una buona spugna. Si lavava e si asciugava con quei volgarissimi strofinacci, anzi pezzetti di straccio sbrindellati, logori e sfilacciati. Qual'era il senso pratico della scelta? Non va dimenticato che Capaltin era povero, ma ciò ci sembrò esagerato.

Si serviva di tre o quattro pezze, le piegava tra i palmi e poi le poneva sulla testa calva, strofinando la cute con movimenti energici, nella maniera di grattarsi, col capo piegato in avanti.

Quei gesti, nell'anomalo lavoro di pulizia, erano veloci e determinati, eseguiti con la stessa sicurezza e disinvoltura di un gatto. Terminato il tutto aveva l'aria alquanto soddisfatta, certo di essersi perfettamente deterso, riponendo poi le pezze stendendole in fila sulla cordicella della finestra: i cenci penzolavano buffamente, mostrando tutto il loro filaccioso degrado.

Queste bizzarrie egli le esibiva, incurante della nostra presenza in terrazzo. Ciò ci fece spesso pensare che amasse mettersi in mostra, tant'è vero che avemmo la netta sensazione che, più passava il tempo, più si compiacesse d'attirare la nostra attenzione — a volte con insistente puntiglio — come se quel modo di comportarsi fosse anche teso ad assecondare in pieno il nostro divertimento.

Una volta dal terrazzo del solaio di sopra, esercitammo il nostro trastullo utilizzando uno specchietto per far penetrare entro l'oscurità della sua finestra il riflesso del sole. Il rettangolo di luce vagava all'interno della stanza come l'occhio impertinente di una spia aliena! A pezzetti perlustravamo il pavimento in solo cemento, sino ad evidenziare le linee del materasso a strisce. Il tedioso rettangolo di luce roteò su quella superficie grezza sino a scoprire un particolare rosa e liscio: col fascio di Elio eravamo "atterrati" sulle natiche del vecchio!

Non si accorse di nulla, o finse per non darci soddisfazione? Mandandogli i riflessi di luce con lo specchietto, era come entrare emblematicamente in casa sua.

Un giorno accadde che lo colpimmo negli occhi, abbagliandolo fastidiosamente, ma non reagì sul momento. Però, più tardi, fece la cosa più buffa che si potesse sospettare: legò un frammento di specchio alla cordicella appesa, convinto che bastasse a deviare i nostri raggi, qualora ci avessimo riprovato. La cosa ci sconcertò, era troppo assurda.

Le sue stranezze erano disarmanti, ci lasciarono senza parole. Di fronte a quelle performance si rimaneva confusi; un giorno posò sul parapetto una comunissima buccia d'anguria: quel rifiuto rimase lì per giorni e giorni ad essiccare al sole.

D'estate naturalmente lasciava la finestra sempre aperta, così la curva buccia d'anguria ebbe tutto il tempo di mutare in un secco e scuro avanzo ormai riarso. Avemmo il chiaro sospetto che cominciasse a giocare con noi, comunque perdurammo, per vedere fino a che punto saremo arrivati; questo forse interessava anche a lui. Quelle "capaltinate" erano effettivamente tali da lasciare interdetti: fu anche capace di gettare i suoi avanzi mangerecci, sporgendosi dalla piccola finestra con il nylon in sostituzione del vetro.

Si liberava di un contenuto biancastro, una brodaglia che diventava poi un insolito pasto per i piccioni; l'azione meritava di essere osservata col binocolo. Vedevamo la sua testa pelata sporgere assieme ad un braccio, successivamente dava un'occhiata giù verso il cortile e, dopo una breve esitazione, giusto il tempo per calibrare il lancio, gettava gli avanzi contenuti nella scodella o in un pentolino, sulla copertura di tegole: l'intruglio ricadeva con un balzo rapido schizzando sui coppi.

Sovente ci tornavano alla mente le parole del signor Roventa e in particolare quando disse che in molti asserivano che Capaltin era un genio, un inventore. Inventore di che? Ci pareva impossibile.

Il periodo in cui si svolgevano questi fatti, era per noi l'età più bella e spensierata; rifugiati dentro la nostra stanza creavamo un mondo tutto nostro, ricco d'immagini e storie, fantasticavamo piacevolmente tra i muri dipinti d'azzurro tappezzati di poster. Avevamo una tale spiccata vivacità ed una spensieratezza che ora ci riempiono di nostalgia. Lieta giovinezza! Quando non pensavamo a Capaltin, ideavamo passatempi e discutevamo anche di interessanti argomenti con gli amici: del fenomeno U.F.O., dello spiritismo, della parapsicologia, dell'arte, della musica e via dicendo. Spesso in terrazzo suonavamo la chitarra o il flauto dolce, improvvisavamo canzonette. Da quell'incastro di muri e di tetti, terrazzi e cortili, esplodevano le nostre risate e le urla, come un quotidiano coro di suoni, approcci di lieti arabeschi di vita.

Forse Capaltin aveva, in segreto, familiarizzato con quei frizzi; chissà probabilmente aveva anche imparato i nostri nomi e senza dubbio spiava il nostro mondo così diverso e lontano dal suo, fatto di arcobaleni e di complicato candore.

Infatti un giorno ci accorgemmo che ci stava osservando. Stava immobile dietro il vetro: ci spiava facendo capolino mostrandosi per metà. Il suo sguardo era serio, con un'espressione quasi infantile, era in assorta contemplazione; il bel ciuffo bianco risaltava sulla fronte lucida e il profilo, in quel frangente, assunse un carattere mordace. Lo strano atteggiarsi lo rese ai nostri occhi grottesco e infido, ma anche un po' patetico.

Era lì, immobile, chissà con quale idea fissa, intento a spiarci mentre eravamo seduti nel terrazzo a leggere fumetti. Difficile dire da quanto tempo ci stesse osservando e neppure cosa lo avesse indotto a tanto interesse. Appena ce ne fummo accorti si ritrasse nascondendosi del tutto, poi di nuovo fece capolino in modo farsesco e finalmente si dissolse in un confuso rifluire. Questo fatto lo interpretammo come una sorta di familiarizzazione fra noi e Capaltin. Ci colpì molto! Si era fermato a guardarci proprio in un momento in cui non lo stavamo pensando... ignorandolo completamente.

Alfonso e Nicola Vaccari

VI

> *Stavo, è vero, ostinatamente davanti alla casa, ma altrettanto ostinatamente indugiavo a salire*
> (F. Kafka, Diari)

Il portone dove entravano Capaltin e il signor Roventa era segnato col numero 76 di via Francesco Nullo. Era un vecchio uscio di legno scuro, screpolato e cigolante. In alto aveva una vitrea lunetta gialla con barre in ferro battuto disposte a raggiera. In ogni anta del portone c'era una cassetta di metallo per la posta, vecchia ed arrugginita, e più sotto il battente. Ai piedi dell'uscio un piccolo scalino in pietra. A sinistra, sul lato rientrante del muro, in due coppie di campanelli si faticava a leggere le scritte perché erano alquanto sbiadite.

Quante volte abbiamo tentato di varcare quella famigerata soglia! Capitava generalmente di trovarla aperta, senza che nessuno sostasse nei paraggi. Davanti a noi solo un breve androne, cupo e dimesso, che si apriva in un ingresso a volta a botte, che lasciava intravvedere un malmesso cortiletto, mentre a destra iniziava una rampa di scale. Quei gradini in pietra, deformati dall'usura, per noi conducevano verso l'ignoto. Più cresceva l'irresistibile curiosità di superarli, più l'impulso ci trovava riluttanti.

Lassù viveva il vecchio. Di sopra, alla fine di quelle

scale, avremmo trovato finalmente la porta di quella famosa stanza da lui abitata. Arcani gradini ci separavano dal regno ignoto di quel maliardo; lassù il contenitore, il crogiolo della nostra cupidigia! Ci pareva un enigma millenario, un mondo a noi negato ed indecifrabile, che racchiudeva il suo fiato, i suoi pensieri, i suoi inaccessibili segreti. Forse la soluzione di tutti i rebus iniziava alla fine di quella rampa. In cima stava il luogo del confine: rabbrividivamo solo al pensiero di varcarlo; persino sostare nell'androne ci spaventava. Nulla avremmo desiderato di più, ma mai al mondo... perdersi in quella trappola! Annusando l'aria che usciva da quel portone percepivamo un odore pungente e dolciastro, quasi stucchevole, come fosse pomata o crema alla glicerina. Un giorno, presi da irresistibile curiosità, sbirciammo nella fila dei campanelli: uno di essi era senza scritta, affianco al quale c'era quello del signor Roventa e sopra uno che diceva: "signor Rizieri"; accanto a questo ultimo un altro in cui si leggeva con difficoltà: "V. Liberati", in lapis blu.

Se si escludeva il campanello in basso a destra, cioè quello del signor Roventa, rimaneva da sapere quale dei due restanti (quelli in alto) fosse appartenuto a Capaltin.

Ce lo svelò proprio il signor Rizieri, che già avevamo visto uscire di casa e aggirarsi nei pressi della via. Quando un pomeriggio con audacia lo fermammo e ci disse di chiamarsi appunto Rizieri, logicamente scoprimmo che fosse Capaltin a chiamarsi V. Liberati. Per noi fu una grande scoperta! Ci parve così di aver fatto un passo notevole. Rizieri era un uomo sulla sessantina, alto, magro, dall'espressione sempre accigliata.

Portava folti baffi bianchi, sotto un naso aquilino che accentuava maggiormente l'espressione arcigna.

Sovente portava occhiali scuri che gli conferivano un'aria enigmatica.

Vestiva classico, con giacca, camicia e cravatta dai colori smorzati. Nonostante il look i suoi abiti erano piuttosto sgualciti, e forse neanche tanto puliti. Aveva capelli grigi spazzolati all'indietro, troppo imbrillantinati, con la forfora che gli impolverava le spalle.

Lo rammentiamo come un tipo alquanto taciturno, scostante, forse introverso, sempre serio. Il signor Roventa una volta ci disse che Rizieri era un tipo molto indaffarato in quanto, se pur per diletto, era giornalista e anche pubblicista.

La volta che lo fermammo, Rizieri stava rincasando e allora gli andammo incontro con modi gentili, presentandoci e dicendo che avevamo conosciuto il signor Roventa, che abitavamo nella palazzina poco distante e che eravamo ammiratori di Capaltin, ovvero del signor Liberati.

L'uomo manifestò un po' di stupore per il nostro interesse nei confronti del vecchio trovando comprensibilmente strano che due ragazzini non avessero di meglio da fare. Comunque malgrado la sua indole di romagnolo burbero e sospettoso, fu gentile e ci confermò il nome di Capaltin, non solo quello scritto sul campanello, ma anche quello di battesimo indicato prima del cognome con la lettera "V": "Vittorio Liberati – disse – ...Ingegner Vittorio Liberati!"

Capaltin ingegnere?! Restammo naturalmente stupiti. Allora era vero, costui aveva del genio, la sua intelligenza non era delle più comuni. La conversazione col signor Rizieri terminò ben presto; senza smentire di essere uomo di poche parole, si infilò veloce dentro il portone. Disse: "Addio.", poi scomparve dietro l'anta. Riflettemmo parecchio su questo fatto, cioè, che Capaltin fosse un ingegnere: l'ingegnere Vittorio Liberati. Incredibile! Chi lo avrebbe mai immaginato? Ci dicevamo: "Eppure un ingegnere non va vestito in modo così strampalato, non indossa stracci e non si fa vedere nudo alla finestra impudicamente..."

Più ci pensavamo e più ci sembrava assurdo. Dopotutto, il signor Rizieri che ragione aveva di mentirci? Egli era un giornalista e senza dubbio sapeva bene il valore di una informazione data e quanto possano essere fuorvianti e imbarazzanti, talvolta inique, le fandonie.

Ben presto riuscimmo a strappare al beone signor Roventa una maggior delucidazione; lo rincontrammo in via Giorgio Regnoli: era appena uscito dalla trattoria, sicuramente era andato a bere il solito bicchierino.

Vincendo la soggezione, uno di noi azzardò a chiedere: "Scusi signor Roventa, il giornalista Rizieri ci ha detto che Capaltin è ingegnere; non vorremmo essere pedanti ma..." lui rispose di scatto, come per toglierci di torno il prima possibile e disse con voce roca: "Sì, sì, è un ingegnere idraulico, si è sempre interessato del problema dell'irrigazione. Secondo quel matto l'umanità rischierà di rimanere senz'acqua. Soccomberemo a causa della siccità, roba da matti! Il signor Rizieri molto tempo fa gli fece pure un'intervista. Per la miseria, Capaltin è un fissato, lasciatelo perdere; è un fantasioso. Ma voi... che ve ne frega eh?!"

Prima di addormentarci, di notte, immaginavamo

un'infinità di cose sul conto di Capaltin. Quale segreto serbava? Lo stravagante inventore...cosa stava tramando, qual era il suo passato, chi diavolo era quel vecchio? Un pover'uomo incompreso, geniale o folle? Ci torna alla mente un tizio incontrato per strada; di lui molti particolari ci sfuggono, non ricordiamo nemmeno chi fosse, è passato troppo tempo ormai. Era un tipo giovane, avrà avuto trentadue anni. Si parlava di scuola, forse anche di arte applicata; ad un certo punto però si finì per argomentare di Capaltin. Quel signore, conosciuto per caso, ci disse che ricordava l'ingegnere Liberati e ci spiegò che un tempo fu il suo professore di applicazioni tecniche alle scuole medie ma che insegnò anche all'Istituto Tecnico Industriale. Ci incuriosì il suo racconto.

"È vero, lo conosco bene. Ero ragazzo e frequentavo la scuola media Flavio Biondo; Liberati era il nostro professore di applicazioni tecniche, e ogni tanto ci dava qualche nozione di matematica e geometria."

"Che tipo era?" Chiese uno di noi con esuberante interesse. Sorrise suadente e proseguì: "Ah, era un tipo strano, però molto preparato nella sua materia. Mi ha sempre colpito il suo modo buffo di vestire..."

"Già, e come vestiva?"

"Incredibile, vestiva letteralmente di stracci; arrivava a scuola piuttosto malmesso: con delle camicie rattoppate e delle strane palandrane sgualcite. In classe lo prendevamo in giro, pover'uomo, e lui si arrabbiava. Ma non era cattivo; con Liberati era uno scherzo, era sì esigente, ma alla fine ci promuoveva sempre. Ricordo i suoi occhi celesti: erano severi e dolci a un tempo."

Eravamo sopraffatti dalle sue parole.

"Era comico — continuò — specialmente quando si addormentava in classe nel bel mezzo della lezione: il gesso ancora tra le mani e la testa china sul registro. Potete immaginare le risa di noi scolari!"

Il giovane trasalì, si strinse nelle spalle e poi disse: "Avete detto che conoscete Liberati, è ancora al mondo?"

"Oh sì, abita nella nostra via, a pochi passi, in via Francesco Nullo. Pensi che dal nostro terrazzo, dirimpetto, vediamo la finestra della sua stanza. È un tipo misterioso, che ci ha subito colpiti..."

L'uomo riprese: "Non lo vedo da una vita; lui insegnò per pochi anni, forse solo come supplente, ma poi si ritirò. Capaltin! Mo guarda!"

Invidiammo quel signore per aver avuto Capaltin come insegnante. Dunque: egli era un ingegnere idraulico, fu anche insegnante di scuola media e superiori sino a quando, non si sa come, si votò completamente alla solitudine rimanendo misero e trasandato. La sua, fu una specie di vocazione? Colpa dell'arteriosclerosi, che sapevamo spesso gioca brutti scherzi? Le voci dicevano che in un momento particolare della sua vita aveva deciso di lasciare tutto ai poveri, rinunciando ad ogni agiatezza. Perché mai questo spirito di carità? Forse per amore di qualcosa o di qualcuno?

Altre voci che ci giungevano asserivano che lui fosse stato un tempo molto ricco all'epoca del fascismo. Chissà!... Forse quell'uomo era già una leggenda; lo credevamo possibile.

VII

Una notte uscimmo in terrazzo, erano circa le undici e tre quarti. Osservare la casa di Capaltin nell'oscurità era qualcosa di veramente bello e inquietante.

Era una notte d'estate, calda e tersa. Sopra di noi le antiche stelle trapuntavano il cielo delimitato dalle scure sagome di quell'angolo urbano, silente, di un fascino rustico ed incantevole. Un che di irreale avvolgeva le lucide superfici dei tetti e le ruvidità sbiadite dei muri e dei terrazzi. Un bagliore lattiginoso effuso dai lontani lampioni della piazza, saliva oltre il contorno buio di tetti e camini. La tranquillità notturna colmava di serenità i nostri animi fanciulleschi. Dirimpetto a noi la sagoma tenebrosa della casa di Capaltin, che comunque restammo a guardare imperturbati, con riguardosa attenzione.

Mille pensieri ci colsero in quegli istanti: fra molti quello del vecchio addormentato, supino sul modesto giaciglio; e saperlo solo, dentro la stanza, nelle condizioni in cui viveva, provammo pena e sconforto.

Uno di noi poco dopo andò a cercare in camera la torcia elettrica, e tornando in terrazzo la puntò verso la casa di Capaltin. Sembrò di osservare un enorme vascello emerso dalle profondità del mare, di un colore vivido e opalescente! Non resistemmo a far roteare un istante la luce nel centro del rettangolo nero, che venne riflessa immediatamente dal vetro con raggi concentrici abbaglianti.

Desistemmo presto, giacché non intendevamo turbare il sonno del saggio nonnino. L'indomani, dopo la scuola, si sarebbero riaperte le "ostilità" e per Capaltin sarebbe stata... un'altra bella giornata!

Ma quella notte lo si lasciò in pace affinché potesse fare sonni tranquilli.

Spesso ci accadeva di sognarlo e allora erano incubi! L'onirica visione trasformava la realtà in maniera abnorme e grottesca, terrificante e minacciosa. Non riuscivamo a sognare Liberati in modo normale, conforme alla realtà; la mente, oramai alterata dalla fantasia, produceva abbozzi di scene stravolte e surreali. Ad esempio la finestra del vecchio diventava un gigantesco rettangolo che occupava tutta la facciata della casa, e lui appariva o ingrandito, proporzionato soltanto con la figura geometrica da cui si affacciava, o piccolo piccolo, schifosamente omuncolo rispetto a quella. Un'altra volta, uno di noi raccontò al fratello, la mattina dopo, di aver sognato la cordicella della finestra di Capaltin stracolma di stracci penzolanti, la casa col tetto divelto ed una enorme gru che la sovrastava, coprendo Torre Civica e campanile. E ancora il vecchio che, tramite una sottile passerella di legno, transitava liberamente, al pari di un impavido funambolo, dalla sua abitazione alla nostra, saltando sulla ringhiera del nostro terrazzo. Tale visione continua a ripetersi tutt'oggi, alternata nelle nostre attuali esperienze oniriche. Ma il sogno più terrificante lo fece quello che fra noi porta il nome di Alfonso. La scena vede il ragazzino uscire sul balcone ed accorgersi di un corpo riverso in un angolo, dall'aspetto emaciato, dai connotati indefiniti e gli occhi sbarrati a fissare un vuoto eterno! Un profondo senso di terrore e di nausea colse il dormiente, riconoscendo in quel relitto umano il vecchio Liberati. I suoi occhi azzurri: perle incastonate in una maschera sofferente ed immonda. Notò il ciuffo bianco ridicolmente grande e conico, sporgere in avanti. La testa del vecchio era di un color rosa carico, innaturale come fosse plastica. Indossava stracci impolverati, cenci unti, sdruciti ed esageratamente larghi, e il giallo, il giallo ocra della maglietta, emetteva un sinistro bagliore. Infine i pantaloni erano macchiati di un nerastro intruglio. Pareva più un'entità del Purgatorio che un uomo. Un Capaltin millenario, pieno di rughe, mostruosamente scavato e pallido in volto, uno spettro devastato da danteschi tormenti, confuso e smarrito.

Sconvolto dall'angoscia, il dormiente — cioè Alfonso — lo vide aprire la bocca fremente fino a formare una "O" (come il celebre dipinto di Munch: "L'urlo"), e quella cavità sdentata rimase oscenamente aperta emettendo un turpe prolungato lamento.

A questo punto il sogno, o meglio l'incubo, svaniva.

Alfonso e Nicola Vaccari

VIII

Ci eravamo procurati un "diario di bordo", dove segnavamo le ore in cui lui usciva e rientrava, cosicché lo aspettavamo al varco per seguirlo. Ma per molto tempo non azzardammo a stargli appresso per più di dieci minuti quando, quelle poche volte, usciva di casa. Temevamo che lui prima o poi scoprisse di essere pedinato; tuttavia — come si vedrà — riuscimmo a braccarlo e a svelare la sua meta. Ma procediamo senza anticipare gli eventi.

Un giorno ci apparve da lontano, all'inizio di via Francesco Nullo, e presumemmo che stesse tornando a casa. Lo attendemmo appostati dietro un camioncino parcheggiato e quando ci passò davanti, un istante dopo, gli andammo dietro a dovuta distanza. Era vestito come sempre: spiccava sul dorso la solita maglietta giallo ocra, indossava gli stessi pantaloni color marrone scuro corti alla caviglia, sdruciti; ai piedi aveva le scarpe nere di sempre, consumate e polverose. Faceva eccezione un particolare, nell'abbigliamento: portava sul capo un caratteristico berretto romagnolo, chiamato "coppola." Gli occhi rilucevano al chiarore vespertino di una sera estiva, le folte sopracciglia bianche gli conferivano un'espressione da Babbo Natale. I pochi capelli bianchi, leggeri dietro la nuca, gli spuntavano da sotto il cappello, la fronte era solcata da poche rughe profonde, e quel meraviglioso ciuffo bianco accuratamente pettinato in avanti, rendeva il suo profilo assai singolare. Lo sguardo era fisso e attento, profondo, furtivo, rivelava un'anima complessa ed inafferrabile, vibrante.

Ci ricacciammo dietro l'auto, appena si accostò al suo portone, che richiuse con un movimento troppo deciso, repentino...come per farci intendere: "So che mi state dietro, a me non infinocchiate!"

Un'altra volta ci apparve improvvisamente da via Digione, mentre passeggiava per via Giorgio Regnoli. Ci fermammo di colpo, con il cuore che batteva, e facemmo appena in tempo a fingere di guardare una vetrina per non farci riconoscere. Sembrava leggermente dimagrito e camminava veloce, come se avesse fretta; noi, con molta prudenza ricominciammo a seguirlo.

Un dì sorprendemmo Capaltin uscire dal suo portone, dopo che era andato a riporre la sua cigolante bicicletta nell'androne. Chissà perché aveva deciso di non servirsi più del velocipede, continuando il tragitto a piedi? Fatto sta che quando richiuse l'anta di legno scuro, si diresse dalla nostra parte.

Non sapemmo se il suo sguardo ci puntasse o semplicemente guardasse avanti a sé. Sospettammo subito che il vecchio, avendoci scorti nei pressi del bar vicino alla nostra palazzina, avesse inteso di darci una lezione. Come accade a chi sa di essere in difetto, ci vennero in mente le precedenti marachelle: ripensammo ai tiri con la cerbottana, nonché ai pomodori e ai petardi! Intanto Liberati si stava avvicinando con passo deciso.

"Dio mio! Stavolta ci acchiappa e si vendicherà!"

Reazione comprensibile... cercammo di svignarcela. Siccome sarebbe stato umiliante rendere al vecchio palesi le nostre colpe, e inoltre non eravamo nemmeno certi che le sue intenzioni fossero ostili, decidemmo di non correre. Ci muovemmo con passo normale, voltandogli le spalle, prendendo la via trasversale alla nostra: via Ugo Bassi. Giunti in via Giorgio Regnoli, restammo per un minuto fermi valutando la situazione. Non c'era poi tanto da temere, dal momento che, se si fosse messa male, le nostre gambe ci avrebbero portati fuori tiro dalle grinfie di Liberati, il quale non era certo un podista da temere. Siccome, tutto sommato, era anche divertente vivere l'avventura. Prontamente tornammo sui nostri passi giungendo all'angolo con via Francesco Nullo, dove lo spigolo del muro del bar copriva le nostre figure. Uno di noi con coraggio si sporse: Capaltin non c'era più. Come poteva essersi dileguato, se non era nel bar? Sapevamo che, solitamente, non ci entrava mai. Tornammo alla postazione di prima e ci sporgemmo ancora: nulla!

Ma dopo poco un lembo color giallo ocra spuntò dal suo portone facendoci trasalire.

"Eccolo, è là, dev'essere lui!"

Probabilmente Liberati aveva deciso di tornare indietro; difatti lo scorgemmo uscire, prima protendendo un braccio, poi la punta di una scarpa, ed infine la testa pelata col ciuffo bizzarro in fronte, sino a riemergere interamente, questa volta con la bici al fianco. Non ci spiegammo di quanto accadde. Ci aveva visti? Come mai ritornò a prendere la bicicletta, dopo che l'aveva riposta nell'androne? Cercammo una spiegazione logica, ma forse non c'era nulla da capire, ci eravamo semplicemente ingannati...o per paura suggestionati.

Capaltin era soltanto tornato indietro, trovandosi forse a disagio, assieme alla necessità improvvisa di riutilizzare il cigolante veicolo. Lo vedemmo allontanarsi lento e curvo sul manubrio; il cigolio ci giungeva flebile e ritmato. La sua immagine scomparve oltre un camion parcheggiato, in fondo alla strada.

In un'altra occasione, stavamo tornando da una passeggiata (erano circa le cinque del pomeriggio); imboccammo via Francesco Nullo e cammin facendo arrivammo presso casa. La figura del vecchio proseguiva a piedi nei pressi del suo portone, sempre con la bici al fianco. Gli passammo accanto dandogli un'occhiata curiosa, con mal celata timidezza; si limitò a squadrarci senza proferir parola. Stava con espressione particolarmente seria, come in attesa: pareva concentrato in un pensiero fisso, ma nel contempo il suo volto tradiva un'intenzione vigile. Gli occhi azzurri si spostarono lentamente verso di noi mentre gli passavamo accanto. Rimase in quell'atteggiamento per un certo tempo; poi ebbe un contorto movimento del capo, traballò come se stesse in bilico, e si ricompose. Capaltin s'era fermato furtivo... mentre guardava avanti a sé come chi ascolta un interlocutore che stia ponendo un quesito. Provammo paura. Ad un certo punto si rimosse, montò sulla bicicletta e parve deciso a compiere un'azione definitiva nei nostri confronti.

Difatti ci venne incontro! Ci voltammo preoccupati due volte accorgendoci del suo sguardo indagatore. Alla luce del sole del tardo pomeriggio, i suoi occhi divennero di un blu intenso, simili a perle sfavillanti. L'apprensione del momento ci fece correre in fretta, sempre più spediti, raggiungendo così la porta a vetri del nostro palazzo quasi in preda al panico.

Il vecchio ci stava a pochi metri dietro, sentimmo la sua bici frenare emettendo un sinistro stridio. Nello stesso istante ci avvedemmo del suo corpo scendere dal-

Alfonso e Nicola Vaccari

la sella, mentre ci attaccavamo al campanello di casa per farci aprire dalla mamma che grazie a Dio rispose al citofono. Dopo eterni secondi, il portone si aprì con un clock ed entrammo con furia, agitatissimi, richiudendoci velocemente la porta alle spalle, ansimando.

Sostammo sul pianerottolo.

"Per un pelo!" Esclamò uno di noi.

Oltre i vetri smerigliati dell'uscio scorgemmo, simile ad uno spettro dannato, la massa informe color giallo e marrone di Capaltin. Egli indugiò per un certo tempo al di là del portone, sulla strada, fermo. L'insistita sosta ci lasciò col fiato sospeso, pensando atterriti che intendesse suonare qualche campanello nella speranza di individuare il nostro, per farsi aprire e poter entrare al fine di agguantarci. Avevamo intanto raggiunto l'ultimo gradino della prima rampa di scale; ammutoliti ci ostinavamo a guadare. Dal nostro punto di osservazione non riuscivamo bene a capire le sue mosse, ma restava il fatto che lui era là fuori, bastando ciò a farci stare in grave apprensione.

Rimanemmo quindi in silenziosa attesa incuranti di ciò che stesse pensando la mamma, non vedendoci entrare disopra. Se fosse scesa sarebbe significato tutto sommato la salvezza.

Seduti sullo scalino, nonostante la paura, persistemmo altro tempo, sperando che quell'uomo decidesse di andarsene una volta per tutte.

Certamente non avevamo alcuna intenzione di uscire e affrontarlo di persona, mentre indugiava fermo, con la sua antiquata due ruote: un piede appoggiato sull'asfalto e l'altro sul pedale. Fissava la soglia come per carpire qualcosa di noi attraverso il vetro; una mano appoggiata contro quel cristallo opalino, faceva apparire grottescamente l'impronta di un palmo roseo e giallognolo. Osservavamo con l'animo scosso: colui che stava là fuori era per noi alla pari di un visitatore alieno dalle volontà più infide.

Dall'uscio traspariva sempre quella stessa massa gialla e bruna che si rifletteva sulla superficie liscia del pianerottolo. Ad un tratto anche per non fare impensierire la mamma, si decise di salire: così entrammo nel nostro appartamento per spiarlo dalla finestra della cucina che dava sulla strada. Nostra madre ebbe solo il tempo di dire: "Ancora a tormentare quel vecchio?"

Ma quella volta fu lui ad avere ideato un piano d'attacco! Velocemente spalancammo la finestra per affacciarci; uno di noi fece capolino dal davanzale sbirciando di sotto. Frenando i commenti ci limitammo a guardare facendo molta attenzione a non farci scorgere, mentre il vecchio era ancora lì: aveva sugli occhi un paio di lenti di plastica color giallo, molto insolite, legate alla propria testa da un comune elastico. Era inusitato vederlo ora con quegli affari sul viso che prima non aveva, simili ad occhiali da sciatore senza guarnizioni; evidentemente se li era messi mentre stavamo salendo le scale. Perché ci venne incontro in quel modo?

Per quale ragione restò tanto davanti all'uscio di casa nostra? Erano davvero ostili i suoi intenti? Oggi ci è difficile trarre delle conclusioni quanto ieri.

Lo vedemmo poco dopo dirigersi verso il suo portone con una pedalata lenta: un lembo d maglia gli usciva dai pantaloni sventolando all'aria. Qualsiasi cosa avesse avuto in mente, senz'altro non erano buoni propositi e quella fu la prima volta che Capaltin si approssimò al nostro territorio con tanta determinazione.

IX

Nelle prime ore del pomeriggio Liberati era solito uscire di casa. Dove si recasse ce lo domandavamo spesso. L'unico modo per saperlo era quello di pedinarlo sino alla meta; così un giorno avemmo il coraggio di seguirlo per tutto il suo percorso, ma con molta discrezione, stando bene attenti a non farci scoprire.

Camminava con lo sguardo proteso in avanti tenendo le braccia dietro la schiena, una mano appoggiata all'altra: rammentiamo bene il particolare curioso del dito pollice che sporgeva dalle altre dita raccolte, mostrando una robusta unghia lunga.

Così restando reggeva penzoloni la solita sportina di nylon che dondolava ad ogni passo. Poi il sicuro procedere del vecchio s'interrompeva; si fermava quasi sull'attenti, inarcava la schiena, successivamente alzava lo sguardo tirando i muscoli del collo, oscillando leggermente su se stesso. Frattanto si sentiva un sordo tintinnio provenire dalla sportina, la quale veniva meglio afferrata da un rapido movimento delle dita strette a pugno. Sembrava come se l'ingegnere Liberati si stesse concentrando su un'idea fissa, un concetto balenatogli all'istante. Dava l'impressione di riflettere su qualcosa di particolare, di effettivamente importante, dopodiché riprendeva il passo tornando naturale e disinvolto: allora il volto rilassato pareva esprimere una sorta di sonnolenza. In quei momenti era assai più facile inseguirlo, perché eravamo certi di non essere minimamente notati.

Alla distanza di circa una ventina di metri, tenevamo d'occhio il vecchio il quale procedeva noncurante verso la sua misteriosa destinazione.

"Chissà dove ci porta...", si pensava alquanto curiosi.

Eravamo decisi ad andargli dietro dunque sino alla meta da lui prestabilita; qualcosa ci diceva che non sarebbe comunque andato lontano. Ci spostavamo con circospezione, sgattaiolando da un vicolo all'altro, sfiorando i muri, sostando ogni tanto sotto un porticato o all'angolo di una casa.

L'immagine di quell'uomo così fuori dall'ordinario, diventava quasi una chimerica figura che contrastava fortemente con l'abituale quotidianità; a noi che lo guardavamo andare per le vie del centro, in quel suo apparire così distante, estraneo a tutto, restituiva un'idea di incantata e seducente diversità. Potremmo dire che per lui provavamo una sorta di attrazione e di "repulsione" al contempo; quel giorno, senza mai tuttavia placarsi l'impulso di voler scoprire dove andasse, continuammo con coraggio il nostro pedinamento, sempre accompagnati da un sentimento di angoscia per tutto il tragitto.

Capaltin ci fece percorrere non poche vie: da via Francesco Nullo a via Antonio Fratti, passata piazza del Carmine imboccò via Achille Cantoni, dopo ch'ebbe attraversato corso Mazzini. Ci condusse poi a piazza Cavour, prendendo via Carlo Matteucci che percorremmo tutta. Voltò a destra per via dei Mille e raggiunse la piazzetta di san Biagio, luogo alquanto tranquillo, che si rivelò la sua meta.

Piazzetta san Biagio precisamente il monastero delle Clarisse, al numero 5. Sulla sinistra dell'edificio la statua bianca di una Madonnina coronata da piccole lampadine a forma di stella, e sul lato destro della piazzuola, un grazioso loggiato per il quale si accede alla chiesa. Ignaro di essere pedinato e osservato, l'ingegnere entrò nel portone del monastero come un ospite abituale e la monaca gli aprì, probabilmente lo stava aspettando.

Comprendemmo dunque che Capaltin andava alla mensa delle religiose, sedendo assieme agli altri poveri in una stanza accanto al refettorio, per cui nel suo sacchetto dovevano esserci piatti, pentolini e posate. Probabilmente, qualche volta, egli andava a prendere il vitto dalle suore Clarisse per poi consumarlo a casa, ma quella volta ci parve di capire che restò lì a pranzare. Stanchi di aspettare sotto il sole, decidemmo di avviarci verso casa e durante il cammino i nostri pensieri furono velati di mestizia. Riflettemmo sull'umile e parca vita di solitudine che il vecchio conduceva, desiderando di fare qualcosa per lui, sollecitati da un naturale sentimento di solidarietà. Capimmo comunque che era giusto lasciare le cose come stavano, che non era necessario intervenire.

Capaltin pareva essere felice così; a lui già pensavano le monache, egli stesso aveva scelto quell'esistenza, senza costrizioni, con animo sereno. Quella vita umile, quella solitaria povertà, indubbiamente accettata dignitosamente, facevano di lui un uomo superiore a molti altri, e tutto questo ci donava un'immagine nobile di Capaltin.

Eppure nessuna eco egli lasciava dietro di sé, come se attorno regnassero indifferenza e incomprensibile silenzio: uno straniante abbandono lo trascinava verso quella dissoluzione di cui, poi, era complice. Spesso ci sfuggiva, divenendo per noi una allucinazione, un enigma che in quanto tale, si sottraeva continuamente alla logica. Spiarlo era come osservare il più curioso dei comportamenti umani e ciò recava a noi fanciulli un reale divertimento, che tuttavia andava persino oltre al gioco, cercando con lui inconsciamente un dialogo diretto. Egli entrò nella nostra giovane esistenza come fosse un segno del destino. Riuscire a comunicare con Capaltin era un'impresa ardua, ma tanto più restava schivo e lontano, maggiormente ce lo sentivamo vicino e tremendamente parte di noi.

Col passare degli anni si andò a creare una strana empatia, simile a una sottile complicità che rappresentava il "filo" segreto della nostra singolare unione. Molti dei tentativi di avvicinarlo andarono a vuoto, spesso a causa di una nostra esagerata paura. Eppure non ci stancammo mai di andargli dietro, il nostro poteva definirsi un vero e proprio innamoramento, nell'indomita curiosità e speranza che un giorno avessimo potuto trovare il coraggio di avvicinarlo e di potergli parlare, anche con un pizzico di fortuna.

Vederlo camminare per le vie del centro di Forlì, allontanarsi dall'umile dimora, era per noi come assistere ad un evento!

Lo scorgevamo, e subito i nostri animi s'accendevano creando così l'eccessiva esaltazione, che andava sempre più colorandosi ogni qual volta scoprivamo qualcosa di nuovo. Quando lui appariva, persino il paesaggio sembrava mutare ed assumere un significato diverso. Quell'ostinato interessamento nei suoi riguardi si esprimeva anche quando il vecchio non c'era, in quanto lo rievocavamo cercando di disegnarcelo nel pensiero per farne immagine eidetica. Nel ricordarlo ad esempio procedere a passo lento per le vie desolate della città, suo itinerario segreto, la nostra fantasia enfatizzava la realtà di allora, sino ad immedesimarci in lui. Era bello contemplare quel puntino andarsene, quando lo si scorgeva in lontananza voltare l'angolo e svanire in un acquerello di colori estivi.

Quel giorno si diresse dunque al monastero delle Clarisse, uno dei possibili posti in cui si recava. Non sapevamo nulla di Capaltin, né il luogo, né la data di nascita, o se aveva parenti stretti in qualche parte del mondo, vicini o lontani. Ci chiedevamo sino a che punto fosse giusta quella solitudine che lui stesso aveva spontaneamente scelto.

Alcuni vecchi imparano ad accettare il proprio isolamento, per il solo fatto di essere stati abbandonati. Questo pensiero ci assalì più volte. Forse anche lui era un nonno, forse aveva dei nipoti.

Alfonso e Nicola Vaccari

X

Quando era cattivo tempo ci limitavamo ad osservare il vecchio da dietro i vetri della nostra porta-finestra, scostando le tendine. La pioggia che a furia di scrosciare inzuppava l'intonaco di quella vecchia casa bianca, inscuriva notevolmente le pareti scrostate, sino a renderle grigie.

In tali condizioni atmosferiche pareva che Capaltin andasse in "letargo": spariva, non lo si vedeva per giorni e giorni, quando le piogge di marzo persistevano a lungo.

Allorché la delusione ci assaliva e l'uggiosità di quelle giornate si univa al mancato divertimento di non poterlo spiare. Ma a volte accadeva che un ciuffo bianco s'intravvedesse oltre il vetro grondante di pioggia della sua oscura finestra.

Gli animi si entusiasmavano subito, sicché si procedeva all'osservazione col binocolo. Più di una volta, in pieno inverno, quando la neve copriva di candore l'insieme dei poetici tetti e terrazzi, sotto un cielo color cenere, notammo il vetro di Capaltin appannato; ciò ci indicava che la temperatura dentro la stanza fosse alquanto alta rispetto, naturalmente, a quella rigida dell'esterno.

Dunque il vecchio si era procurato una stufa, sebbene non lo potemmo constatare direttamente. La sua stramba abitudine di vivere eternamente senza luce elettrica (e forse, come già detto, ne era costretto data la sua povertà), ci rese ancor più stupefatti sospettando il possibile impiego di una stufetta. Certamente al freddo non si può resistere, specie un anziano! Ci rallegrò quindi che Capaltin fosse riuscito a procurarsi un po' di tepore, benché il vetro appannato ostacolasse qualsiasi tipo di osservazione.

In condizioni atmosferiche normali, ci capitava invece di scorgerlo dentro il quadrato della finestrella, quella col nylon, quand'era aperta. Rimase per noi da sapere esattamente che tipo di "abitacolo" fosse l'interno, forse un bagno, giacché ne presentava le caratteristiche: infatti ci parve di intravvedervi dentro una parete liscia di colore molto chiaro, come una sorta di larghe piastrelle.

Il tempo durante il quale Liberati rimaneva fermo, immobile dietro quel quadratino, mostrando una parte di quella pelata col ciuffo, ci fece arguire che stesse facendo toilette o qualcosa di più propriamente corporale. Accadeva che alcuni attacchi al vecchio non fossero dei più originali, e neanche tanto intelligenti. Fanciullescamente si reagiva d'impulso e così, appena ci balenava qualche idea, si attuava all'istante. Ad esempio ci fu una volta che, armati di pistole giocattolo da cow boys, caricate con cartucce effimere, logicamente a salve, scaricammo entrambi una ventina di colpi appena egli apparve tenendo in mano una rudimentale scopetta, forse per spazzare via qualche escremento di piccione dal davanzale.

Una serie di botti investì l'isolato ed il fracasso fece alzare in volo un copioso stormo di uccelli. Liberati, appena i colpi cessarono, rimase fermo e immobile, con la scopetta penzolante tra le dita, a guardarci seccato, indispettito con una smorfia rigida e truce in volto. Noi sciocamente facemmo qualche risatina da dietro il balcone, mentre lui restava lì, senza muoversi.

Poi un... "imbecilli" suonò alto, stridente ed egli con un gesto di stizza sbatté l'imposta chiudendola. Oggi siamo convinti che una simile ragazzata possa averci fatto compatire agli occhi di Capaltin, ma l'infanzia, la prima giovinezza portano con sé stranezze e debolezze non tanto dissimili dalle persone anziane. Forse anche per questo costui, qualche volta, come accennato, lasciava correre le nostre ludiche marachelle.

Un altro ricordo ci emerge dalla memoria: nel momento che lo scorgevamo affacciato, attiravamo il suo sguardo turchino non con la voce, ma semplicemente mostrandogli quegli oggetti a lui destinati: una fionda — che tra l'altro non usammo quasi mai — la cerbottana, o una pistola ad acqua dalla quale spruzzavamo il getto che tuttavia mai raggiungeva il bersaglio. Facevamo apparire queste "armi" da dietro il vaso di geranio, in modo che lui le vedesse sfilare ad una ad una, sopra la linea della ringhiera di ferro. La mimica assumeva il significato irriverente della burla ed egli se ne accorgeva.

Restava allora immobile come nella precedente circostanza descritta, ci fissava innervosito, per poi reagire nello stesso modo, chiudendo e sbattendo l'imposta. C'erano giorni invece in cui tralasciavamo spontaneamente di tartassarlo con quelle vacue monellerie, preferendo così la pratica innocua e molto più interessante dell'osservazione.

Ci mettevamo nel terrazzo restando pazientemente in attesa, muniti di binocolo, per vedere se il vecchio poteva offrirci una particolare apparizione di sé da poter registrare nel nostro così detto "diario di bordo."

Anche se non lo si vedeva, era comunque affascinante per noi scrutare, con vero e proprio spirito d'osservazione, il rettangolo nero di quella finestra, ormai divenuta simbolo dell'imprevisto, la quale, assieme al restante disegno della casa, e così pure assieme a tutti quei curiosissimi dettagli in disfacimento, era già di per sé un mondo di aspettative.

Quella nostra morbosa curiosità di sapere, di scoprire, di cercare a tutti i costi un elemento che desse segno, se pur nella maniera più vaga, di uno dei tanti misteri di Capaltin, diventava un idilliaco divertimento a cui col tempo non volemmo più sottrarci. Avremmo voluto – e forse ciò cominciava ad essere troppo eccessivo – diventare in un qualche modo parte di quell'assurda casa in decadimento, al fine di poter entrare nell'intimità del vecchio, quindi vivere l'ambiente che viveva, saggiare la sua stessa aria, la sua inviolabile esistenza, per carpirne i misteri, i suoni, gli odori, le silenziose e ostinate esibizioni.

L'osservazione attenta, minuziosa e paziente effettuata con il binocolo, ci dava l'illusione eccitante d'impadronirci di tutto questo.

Nessun' altra persona nella nostra vita ci ha mai sedotto e alimentato la fantasia quanto l'anziano ingegnere. Capaltin resterà sempre uno dei ricordi più cari, più simbolici ed affascinanti dei nostri rimpianti verdi anni.

Va detto che di lui, oltre al resto, ci piaceva l'esteticità di tutta la sua persona, una bellezza unica nel suo genere, come in nessun altro vecchietto fummo capaci di trovare.

Eseguimmo perciò diversi ritratti di Capaltin che

ancor oggi ci rammarichiamo di aver perduto, probabilmente durante il trasloco da quella amatissima casa di via Francesco Nullo, la quale porta con sé tanti altri, oltre a quello del vetusto ometto, magnifici memoriali iscritti sulle ormai parzialmente mutate superfici. Nonostante i "tormenti" che infliggevamo a Liberati – ben lungi dall'essere inflitti con maligna intenzione – ci premeva moltissimo, come crediamo non si possa dubitare, la sua incolumità.

Una volta accadde che una stanza al piano terra della nostra via, per qualche tempo abitata da scriteriati hippy, andò a fuoco, tanto che assistemmo all'intervento immediato dei vigili del fuoco. Questa stanza confinava con il portone dove il vecchio abitava, e venuti a sapere che le fiamme s'erano pericolosamente estese all'interno del cortile minacciando la sicurezza degli inquilini, ci preoccupammo immediatamente di assicurarci che Capaltin non corresse alcun rischio, supplicando persino uno dei pompieri d'informarsi se il vecchietto del piano di sopra non corresse pericolo. "Tutto sotto controllo.", rispose e così ci rincuorammo subito. Ma gli attacchi continuavano, passando all'offensiva persino a Carnevale: coloratissime stelle filanti sfrecciavano dentro al vano scuro della sua casa. Ci capitò addirittura di ritrovare, qualche ora dopo l'assalto, la finestra chiusa con ancora le lunghe strisce di carta colorata che penzolavano dal davanzale. Addirittura una volta, lanciammo persino dei "gavettoni"; la finestra era chiusa e per poco non rischiammo di rompere il vetro. Liberati fortunatamente non apparve.

Un anno che d'inverno nevicò tantissimo e trovammo il nostro terrazzo coperto da venti centimetri di neve, ci venne la diabolica idea di tirare qualche palla di neve contro la finestra del vecchio; il bombardamento fu tale che quella volta tememmo veramente di rompergli il vetro! Grazie al cielo Capaltin non era in casa, altrimenti chissà come sarebbe andata a finire. Ma ci fu anche un secondo tentativo, cioè quando la finestra la trovammo aperta e le solide palle bianche entrarono dentro con sordi tonfi, allorché il nostro dirimpettaio apparve improvvisamente entro il rettangolo buio; aveva un aspetto furioso, ma non proferì parola, si limitò a rilanciarci con gesti esagerati manciate di neve pressata che non arrivarono a raggiungere il nostro balcone. Dopodiché sbatté la finestra violentemente rimanendo a spiarci da dietro il vetro cominciando a fare strani gesti con le mani, il che ci lasciò alquanto perplessi, dandoci quasi l'impressione che lui volesse comunicare (a suo modo), gesticolando paradossalmente, non avendo forse avuto voglia di gridare. Chissà cosa intendeva dirci...

Data la situazione, ipotizzammo che Capaltin fosse stato preso da un attimo di follia, agitato da un'esasperazione incontenibile.

Alfonso e Nicola Vaccari

XI

Come già detto molti tentativi per comunicare con lui si rivelarono vani, ma un bel giorno accadde ciò che aspettavamo da tempo, grazie anche ad una nostra intrepida iniziativa.

Successe dal nostro terrazzo. Straordinariamente questo avvenne senza che egli accennasse a nessuna delle nostre malefatte: alle marachelle, ai pedinamenti, a quei curiosi incontri fatti di sotterfugi, di astuzie, di attese, suggeriti dalla fanciullesca curiosità. Quindi non subimmo alcun rimprovero: grazie al cielo egli preferì non rinvangare nulla, astenendosi dal discutere; crediamo che lo abbia fatto anche per un senso di pudore o di criterio personale.

Sotto questo aspetto si rivelò tollerante ignorando perciò tutte le storie precedenti. La sua totale indulgenza in proposito, fece sì che la sua immagine non perse fascino.

Ci offrimmo, per modo di dire, vicendevolmente una tregua, ai fini di rendere possibile quell'approccio che ognuno aspettava probabilmente da tempo, e tutti e tre fummo lieti di cogliere un'opportunità vincente. Queste che si fanno ora, non sono altro che supposizioni, basate sulla memoria di quanto è accaduto tra noi e quel vecchio; un'ipotesi tuttavia, potrebbe valer l'altra.

Sono congetture che soltanto oggi, comunque, tentiamo di formulare.

Dunque, avevamo una lavagnetta regalataci da una zia. Su essa ci divertivamo a disegnare ma anche a risolvere compiti scolastici di matematica e geometria. Quel giorno ce ne servimmo per scrivere qualcosa che speravamo riuscisse a leggere Capaltin.

Data la distanza, di quasi trenta metri, fra il nostro terrazzo e la sua finestra la cosa poteva risultare ardua, anche per la media misura della tavoletta d'ardesia. L'ingegnere Liberati forse non avrebbe letto un bel niente – anche perché non sapevamo in che condizione fosse la sua vista – ed il tutto sarebbe risultato una burla che avrebbe potuto facilmente innervosirlo.

Ma ci spinse la grande curiosità, soprattutto di vedere come egli avrebbe reagito al nostro esperimento. Capaltin non poteva aiutarsi con un binocolo in quanto era chiaro che non lo possedeva. Comunque: ci avrebbe degnato di attenzione? Speravamo ardentemente di attirare la sua curiosità. Dapprincipio fu problematico decidere cosa scrivere sulla lavagna; dovevamo essere tanto abili da inventare una frase semplice ma che colpisse la sua sensibilità. I suoi occhi azzurri avrebbero diretto altrove lo sguardo se avessero letto una banale volgarità o qualsiasi deplorevole sciocchezza.

Ci pensammo un attimo e poi uno di noi scrisse, sottolineando le due parole con una veloce strisciata di gesso, semplicemente: "Ciao Amico!"

Aspettammo. Il vecchio apparve due volte, tranquillo e noncurante; passò di fianco e mostrò il suo forte profilo. Era nudo. Non guardò verso di noi, come se non esistessimo: chissà cosa mai aveva per la testa? Un passero si posò sul parapetto della finestra e si mise a beccare una briciola di pane.

Il nostro uomo intanto era sparito, vedevamo solo il grande rettangolo nero con la sola cordicella tesa ai due lati. Poi riapparve confuso nella penombra della stanza; forse poco prima era seduto sul logoro materasso.

Comprendemmo che l'unica cosa da fare era chiamarlo e poi attendere una sua risposta o un suo cenno d'intesa ed infine mostrargli all'istante la scritta sulla lavagna.

Finalmente riapparve, questa volta accostandosi bene al davanzale, e nell'attimo in cui si apprestò a chiudere l'imposta, la voce di uno di noi pronunciò alto il suo cognome: "Ingegnere Liberati!"

Le parole rimbalzarono ovunque tonanti al pari di un militaresco appello. Uno tenne la tavoletta d'ardesia alzata mentre Capaltin si era improvvisamente bloccato puntando lo sguardo verso il nostro balcone, rimanendo in bilico tra un'intenzione e l'altra. Intendeva forse chiudere definitivamente la finestra o rispondere al nostro insolito richiamo? Dondolò, sbatté le palpebre, guardò in alto e poi nella nostra direzione, a scatti, visibilmente imbarazzato e probabilmente un po' stizzito.

Gli continuavamo ad indicare la scritta bianca senza dire parola; lui pertanto ci fissava confuso, cercando di fingere naturalezza.

La scena divenne un tantino comica e impacciata; la situazione acquistò un che di ridicolo, assunse tutto il carattere di una farsa. Ma poi il vecchio Liberati si appoggiò a braccia conserte sul parapetto, distese un braccio e alzò il mento, e percepimmo una strana espressione sul suo volto, come di raccapricciante inquietudine. Balbettò qualcosa e finalmente, colpo di scena, ci rispose con voce schioccante, alta e chiara: "Salute, giovani!"

Incredibile, il ghiaccio era rotto! Ci aveva davvero risposto, senza fare alcun commento o cenno su quanto gli stavamo mostrando; presto ci rendemmo conto che quella scritta, letta o non letta, percepito o no il messaggio, aveva comunque contribuito a provocare il risultato tanto atteso e sperato. Quindi uno posò la lavagna senza più esibirla, poi disse la solita frase di circostanza che viene in mente quando non si sa cosa dire: "Salve, ingegnere...bella giornata vero?"

Il formale saluto andò più che bene; vedemmo Capaltin sorridere (e pensare che tante volte avevamo creduto non ne fosse capace), e con la nostra notevole sorpresa capimmo che era ben disposto al dialogo. Il lettore forse non si renderà conto di ciò che provammo e ciò che significò per noi quell'udienza così tanto ambita; davvero fu letteralmente una conquista, diremmo proprio un autentico miracolo!

"Già, bella giornata, ma sarebbe tale anche se piovesse.", disse il vecchio con fare contegnoso, mantenendo quell'accento un po' distorto, 'masticato', che avemmo l'occasione di sentire.

Passammo subito alle presentazioni, ed alzando il tono della voce, che riecheggiò fra i tetti e i cortili circostanti, pronunciammo ciascuno i nostri nomi. Capaltin sorrise ancora e piegò il capo appoggiando una mano sulla fronte; non disse il suo.

Ci stupì che non si sorprendesse scoprendo che eravamo a conoscenza del suo cognome e, per giunta, che sapevamo che era ingegnere. Può darsi che il signor Roventa o il signor Rizieri gli avessero riferito delle domande fatte sul suo conto; comunque non si pronunciò in proposito.

Successivamente si presentò a noi il problema di superare l'imbarazzo iniziale ed anche di come seguitare la inaspettata conversazione. Non volevamo che si sentisse a disagio; non si poteva prevedere come egli avrebbe potuto reagire alla ben che minima cosa.

Andavano evitati assolutamente nel dialogo i tempi morti. Ma cosa ci si poteva dire di interessante, come improntare il seguito del discorso, di cosa argomentare? Talvolta accade di non riuscire a trovarsi perfettamente a proprio agio con le persone che più stimiamo, proprio per il timore di risultare pedanti ed inefficaci nella conversazione, quando la nostra principale preoccupazione è di piacere loro più di chiunque altro. In quel momento tale era il nostro dilemma.

Conoscendo quell'uomo, potevano di nuovo riaffiorare la sua imprevedibilità e la sua suscettibilità, facendolo d'improvviso tornar schivo ed introverso: quindi avrebbe potuto ritirarsi chiudendoci la finestra in faccia. Presi dall'emozione gli facemmo subito una domanda che nel momento ci sembrò d'ordinaria amministrazione, ma poco dopo ci rendemmo conto della qualità un tantino inconsueta di tale richiesta:

"Signor Liberati, vorremmo sapere che ne pensa dell'esistenza di Dio...", chiese uno e l'altro lo guardò strano.

Capaltin si fece più attento e pensieroso. La sua figura vacillò lievemente, successivamente riappoggiò la testa su un palmo ed aggrottò la fronte e allora il ciuffo bianco sembrò risplendere. Disse con voce modulata: "Avete detto Dio?"

"Certamente!" Ribadimmo.

La sua risposta fu come uno sparo che squarcia il silenzio: "Non sono discorsi da farsi a tavolino!"

"Oh sì! Ha ragione."

Entrambi rimanemmo intimiditi da quelle ultime parole. Ma la conversazione qui si interruppe bruscamente, senza che noi ce lo potessimo aspettare l'ingegnere si scostò dalla finestra, visibilmente cambiato d'umore; si comportò inspiegabilmente in modo inquieto. Non disse null'altro, si limitò solamente ad alzare un braccio in segno di saluto.

Si mosse freneticamente, poi chiuse con decisione la finestra; il vetro tremolò. Lo vedemmo scomparire definitivamente entro lo scuro rettangolo, che poco prima aveva mostrato chiaramente la sua espressiva immagine. Il suo repentino congedarsi ci sbalordì; aveva tranciato di netto quel filo che poco prima ci aveva uniti.

"Ingegnere...", lo chiamò uno di noi con tono impaziente, ma non riapparve; che gli avevamo detto di tanto inopportuno?

"Secondo me è ateo e non sopporta le domande su Dio."

"Però ci va a mangiare dalle Clarisse..."

Cercammo una spiegazione che colmasse la nostra perplessità. Esitammo un po' prima di rientrare, sperando ardentemente in un suo segno, ma niente; la finestra rimase inesorabilmente chiusa.

Purtroppo quel tentativo di vincolare una sorta di amicizia tra noi e Capaltin per mezzo di un sereno dialogo, fallì; fallì nonostante tutte le premure e i buoni intendimenti. Se non altro almeno gli avevamo parlato, ed era già tanto! Restò solo l'incognita di quel brusco dileguarsi. Comunque quanto accadde non ci sembrò vero; anche in altre occasioni si concesse a un breve saluto, giusto il tempo di sventolare in maniera distratta la mano, dicendo semplicemente: "Addio!" Ma poi subito si ritrasse nello spazio della sua stanza senza dare altra udienza.

Uno schivo atteggiamento, d'altronde, ce lo dovevamo sempre aspettare, l'importante era non scoraggiarsi e riprovare.

Quel vegliardo dovevamo prenderlo per quello che era; dopo tutto, pensammo, le prime volte – ed anche dopo – non ci eravamo per niente comportati bene nei suoi riguardi. Tuttavia, spesso, ci faceva veramente rabbia: era capace di sostare per intere mezzore alla finestra, immobile, ieratico, con lo sguardo ora fisso verso di noi, ora proteso verso l'alto; non diceva nulla (benché provassimo a chiamarlo, ma era come se non esistessimo), non faceva nulla, non si muoveva, rimaneva inspiegabilmente assente, pareva stranito, inscritto entro quello scuro rettangolo, come inebetito, sospeso fra la terra e il cielo.

Alfonso e Nicola Vaccari

XII

> *Le case intorno presero subito parte al silenzio, insieme col buio che avevano sopra, fino alle stelle.*
> (F.Kafka, Il gabbamondo smascherato)

Dal giorno in cui conversammo in modo così anomalo con Capaltin dal terrazzo, crebbe in noi un forte desiderio di riuscire a dialogare una seconda volta, affinché l'amicizia potesse diventare un fatto concreto. L'avergli parlato scatenò un fervore liberatorio, tanto è vero che lo annotammo sul "diario di bordo" con inchiostro rosso; il fatto ci fece vedere le cose sotto un'altra luce.

Fu come proclamare una sfida. Ora fra noi e Capaltin esisteva un rapporto che possiamo definire...di affettuosa complicità, ma anche di un singolare ed incessante divario, uno strano rapporto al culmine di tutta una serie di eventi, di speranze, di tentativi. "I terrestri avevano dialogato con l'alieno." Quel giorno forse si aprirono nuove possibilità di approccio.

Tornando da scuola, appesantiti dagli zaini e dal tedio delle ore di lezione, lo si incontrava per strada: a volte arrivava da via Ugo Bassi, solitario e silenzioso; camminava leggermente ricurvo ma con lo sguardo sempre fisso in avanti, con le braccia raccolte dietro la schiena e la mano che stringeva ancora il polso dell'altra. Percorreva la via del ritorno di buon passo imboccando via Francesco Nullo, sfiorando i muri sgretolati delle case. A guardarlo sembrava l'ultimo superstite di una lunga marcia, o un esploratore che facesse ritorno da un angolo remoto del mondo, latore di segreti e storie leggendarie.

Il suo incedere pareva quasi prossimo ad un improvviso arresto, che però avveniva raramente, se non sull'uscio di casa per infilare la chiave nella serratura. Capaltin, con la sua nobile e caratteristica figura, trasmetteva un forte magnetismo: poteva sollevare, in chi lo stesse osservando, un vento che scuoteva lo spirito e procurava una strana trepidazione. Quando gli stavamo dietro e lui s'apprestava ad aprire il portone, ebbene in quel frangente, capivamo con stupore che in realtà ci stava aspettando.

Indugiava adesso, come per incoraggiarci ad avvicinarlo, sembrava davvero voler un incontro; in fondo noi non chiedevamo di meglio.

Il vecchio cominciò ad assecondare gli eventi; per esempio quando intuiva che volevamo avvicinarlo, segretamente ce ne offriva l'opportunità ma senza troppo darlo ad intendere. Per modo di dire ci lanciava la corda e noi dovevamo perspicacemente approfittare dell'occasione che spontaneamente ci offriva. In tal modo nacque la condizione giusta affinché potessimo fermarlo per strada e parlargli per la prima volta faccia a faccia.

Noi, col carico dei libri di scuola nello zaino, conversavamo animatamente dei nostri progetti, mentre si faceva ritorno a casa, stanchi ma allegri. Presi dai discorsi non vedemmo che Capaltin era lì, fermo davanti all'uscio della sua abitazione: stava infilando la bicicletta dentro l'andito, guardandoci.

Rammentiamo che per una banale ragione uno di noi si voltò di lato e, dato che eravamo pochissimi metri più avanti, nel girarsi s'avvide della presenza del vecchio che aveva lo sguardo rivolto dalla nostra parte; anzi ci parve addirittura che aspettasse che ci accorgessimo della sua presenza. Se così era, allora stava per accadere un evento davvero senza precedenti.

Incoraggiati da quella situazione d'intesa e ripensando al colloquio avuto in terrazzo, fermammo il passo, gli sorridemmo e l'ingegnere fece altrettanto. Gettammo l'amo! Forse tutti e tre eravamo emozionati: gli andammo incontro cautamente, quasi trattenuti dalla timidezza. Improvvisamente assunse una posizione autoritaria tenendo il corpo ben eretto e, appoggiando il peso sulla gamba destra, portò l'altra in avanti al pari di un soldatino in posizione di riposo. Le braccia dietro la schiena ed il volto protratto.

Uno dei due gli porse la mano tremante e disse:
"Salve ingegnere!"
Anche questa volta nessun cenno da parte sua per il fatto che sapevamo che lui fosse un ingegnere.

Ci venne da pensare che lo considerasse ormai scontato. L'emozione era tanta e ci parve che tutto stesse accadendo sotto l'influsso di un incantesimo.

Prontamente rispose: "Felice di fare la vostra conoscenza!"

Il suo accento romagnolo si può dire che era composto da un italiano cantilenante; le parole inciampavano fra le labbra e la "S" si ammorbidiva in una "sc" per la mancanza dei denti, specie di quelli anteriori.

"Si ricorda di noi?"
Subito pensammo all'inutilità di quella domanda, e a

tante altre cose.

"Ci siamo parlati dal terrazzo, lei era alla finestra..."

"Sì, è vero, ricordo bene..." annuì con un movimento del capo. Poi finalmente ci stringemmo la mano; la sua fu una stretta energica. Osservammo che le sue mani erano grandi, le dita un poco gonfie e la pelle lievemente ruvida; aveva unghie robuste e lunghe, specie quelle dei pollici, ma particolarmente curate. Per la prima volta lo stavamo contemplando da vicino, in tutti i suoi particolari: ci pare di ricordare una lieve peluria dietro al trago di ogni orecchio. Adesso egli era lì, di fronte, tangibile e reale come ogni cosa attorno. Il desiderio recondito dei nostri sogni era finalmente alla nostra portata, affabile quanto un parente affezionato, mansueto e per nulla ostile.

Tuttavia ci balenò, per un solo istante, il pensiero di una possibile minaccia che quell'uomo avrebbe potuto per noi rappresentare, valutando l'eventualità di qualche sua reazione inaspettata: tale preoccupazione aleggiava in maniera sottile ed insistente, inesorabilmente annegava in un mare di tenace fascinazione, come dinanzi ad una visione. In quel momento la mansuetudine del vecchio poteva anche nascondere una trappola: e al solo pensiero ci veniva orrore! Si stava come lo speleologo difronte a una nuova scoperta, letteralmente rapiti, assorti nel guardare da vicino colui che tante volte avevamo potuto soltanto rimirare da lontano o attraverso l'effimera ottica di un binocolo. (È strano come le persone da vicino paiono più semplici e naturali, rispetto quanto la lontananza generalmente possa mostrare).

Com'erano belli quegli occhi azzurri! Due lucenti turchesi sormontati da candide sopracciglia delicate, come il bianco ciuffo che spiccava vivacemente sulla fronte, percorsa da sottili rughe brune. Quel giorno notammo che quegli unici pochi capelli che aveva dietro la nuca, gli si erano raccolti a ciocche simili a piumini d'oca in ampie svirgolate all'insù.

La barba incolta e bianca era formata da una peluria che s'interrompeva molto prima delle tempie. Sulle guance aveva rughe profonde e nette. Osservando quel volto cercavamo di decifrare i misteri in esso celati, tentavamo di comprendere cosa trapelasse da quello sguardo intenso e da quei lineamenti senili così espressivi; ci sforzammo di scoprire qualcosa di lungimirante, un segreto dunque, un pensiero, racchiusi nell'animo del vegliardo, nel suo indecifrabile essere. Ci venne a mente ciò che scrisse Leonardo da Vinci a questo proposito (a quel tempo eravamo appassionati del grande pittore rinascimentale): *"Ver è che li segni de' volti mostrano in parte la natura degli omini, li lor vizi e complessioni."*

"Studiate?" fu la sua domanda.

"Certamente, vede, tornavamo proprio da scuola."

Gli indicammo gli zainetti.

"La scuola è importante perché vi prepara alla vita", disse Capaltin puntando il dito indice su di noi.

"Sicuro! Come ebbe a dire una volta Leonardo: 'Studia e sarai celebre!'" Fummo orgogliosi di aver pronunciato di fronte a lui una frase tanto ben azzeccata, ce ne compiacemmo assai.

Il vecchio sorrise ed annuì facendoci intendere che aveva compreso il senso della citazione, mettendo in evidenza la mancanza dei denti anteriori ed i muscoli labiali si spianarono creando due simpatiche fossette sulle guance. Era vestito come al solito: maglietta giallo ocra, pantaloni color seppia, tenuti su da un paio di bretelle grigie, logorate, sfrangiate, con delle spille da balia attaccate.

Scarpe logore e niente calze. Quel giorno però, in più aveva sulle spalle un liso cappotto grigio, con una tasca strappata. Ci colpì quel pastrano perché era foggiato a mo' di capparella. Un altro particolare curioso: si sa che ogni persona, specie se di età senile, ha un proprio odore personale; molto spesso ne è causa un tipo di pelle e di sudorazione o semplicemente una personale caratteristica fisiologica.

L'uomo che avevamo davanti aveva un odore particolarissimo, mai percepito in nessun altro essere umano: era un che di rancido misto a "dolciastro", come una crema per le mani piuttosto nota. Più tardi rammentammo che quest'ultimo, componente del suo odore, somigliava a quello che sentivamo uscire dall'androne quando il suo portone era aperto. Che Capaltin usasse cospargersi di un particolare unguento o crema, e che in qualche modo l'ingresso del suo uscio ne venisse impregnato? Chissà, ipotesi forse un po' assurda.

"Senta, Liberati – disse uno – lo sa che lei è una persona simpatica e molto caratteristica?"

"Siete gentili, ma è troppo...sono solo un povero vecchio."

"Lei è ingegnere, vero?"

Ci si guardò ammiccando; quella domanda era un po' la prova del nove su quanto già avevamo appreso sul suo conto; tuttavia sembrò felice di quella richiesta.

"Cosa, questa, di cui molti si sono dimenticati.", rispose con tono severo che nello stesso tempo mise in luce una certa fierezza personale.

"Che intende dire?"
Seguì un breve silenzio. Capaltin apparve lievemente contrito, si strinse nelle spalle e rivolse lo sguardo al cielo, contemplò l'azzurro e qualche nuvola; notammo i due celesti sovrapporsi.

Iniziò a parlare di un singolare argomento e fu bello ascoltarlo, mentre rivolgeva di tanto in tanto lo sguardo indagatore al cielo, come se attendesse l'infittirsi delle nubi. Le cercava, nel mezzo dell'etere. Disse: "Vedete, il mio più ardito sogno è sempre stato quello di liberare l'umanità dal problema della siccità, progettando grandi sistemi di irrigazione; un tempo ne studiai uno che nessuno aveva prima ancora sperimentato. Sì signori! Un mio progetto." Raccontava con un certo trasporto e veemenza, ma anche con serena rassegnazione.

"Che tipo di progetto ingegnere?"

"Anche se vi parlassi di *Pozzi capto diffusori*[1], non capireste!" Sospirò, poi continuò: "Tuttavia, ahimè, l'uomo non mi ha voluto credere per la sua testardaggine e ottusità. Ma un giorno molti si renderanno conto che io avevo ragione e chissà poi se ciò avverrà... Forse allora sarà troppo tardi." Le sue parole assunsero un profetico tono.

Il signor Roventa ed il giornalista Rizieri non ci avevano quindi raccontato fandonie. Egli sapeva davve-

---

[1]. Il lettore vedrà in appendice, leggendo il testo di Liberati, in che consistono i pozzi capto-diffusori.
L'acqua piovana riempie il pozzo capto-diffusore il quale (essendo di materiale permeabile) fa passare l'acqua e permette, per imbibizione, la lenta irrigazione del terreno.
Allo stesso modo, se ci fosse una precipitazione eccessiva, il pozzo riempiendosi, farebbe filtrare l'acqua in eccedenza scaricandola a terra, cosicché, i liquami non scenderebbero a valle e il pericolo di inondazioni sarebbe scongiurato.

ro molte cose; fummo assai presi dal suo racconto e lo esortammo a proseguire.

"Ebbene sappiate che non scamperemo dal pericolo della siccità. Un giorno o l'altro questo problema ci colpirà rovinosamente e chissà se saremo all'altezza della situazione? A meno che qualcuno, approfondendo il mio progetto idraulico, vi possa riconoscere una possibile soluzione, e trarne profitto per tutti. Credetemi, mi rivolgo a voi che siete giovani e che avete una vita davanti; verranno tempi in cui vi saranno piogge abbondanti...troppo copiose, quindi eventuali disastri alluvionali, inondazioni, ma anche tempi in cui la pioggia cadrà sempre meno, quasi a diventare un fenomeno raro, sino a quando tutto si rivoluzionerà minacciando il pianeta: clima, stagioni, precipitazioni non saranno più gli stessi, e se non pensiamo oggi a conservare l'acqua per il domani, allora presto o tardi soccomberemo a causa della siccità. L'acqua che il cielo ci manda non deve andare dispersa!"

Turbati ed affascinati, volemmo subito credergli, persuasi della fondatezza delle sue supposizioni e neppure pensammo che stesse esagerando o tanto meno farneticando.

"Ma perché non le hanno creduto?"

"Perché si crede solo a ciò che fa comodo credere...", riprese con enfasi. Quell'uomo non si atteggiava certo a profeta o a banale veggente, non era nemmeno un predicatore della fine del mondo; la sua era legittima preoccupazione per un problema vero e fondamentale. Quelle non erano apprensioni campate in aria, e certamente lui non poteva essere quel "fantasioso" risultante dai giudizi del signor Roventa.

Capaltin forse sapeva vedere più lontano di molti altri; egli aveva compreso che l'acqua (fonte di vita), un giorno potrebbe mancarci a causa di molti fattori, e così non fece altro che impegnarsi a studiare un sistema d'irrigazione preventiva per preservarci dalla siccità incombente.

Quando gli chiedemmo di spiegarci nei dettagli il suo progetto, non ce lo rivelò, probabilmente ritenendoci troppo giovani; comunque disse un'altra frase significativa: "Il progetto dei Pozzi capto diffusori, è là, archiviato. Nessuno però lo ha mai preso sul serio, nessuno si è mai preso la briga di capirlo a fondo. Ah! Non c'è stato interessamento."

Forse qualcuno teneva quel progetto in custodia? Un amico, un parente, uno stimato collega? Carte dimenticate in chissà quale meandro d'archivio o ufficio. Probabilmente il suo sogno era quello di riuscire a captare dal cielo una riserva d'acqua da trattenere in grandi pozzi, al fine d'irrigare ove non piove e vi sia siccità.

"Chissà mai se riuscì ad ottenere i brevetto[2] di quel suo progetto?" Ci chiedemmo molti anni dopo.

In seguito ci sovvennero le parole da lui pronunciate quando gli parlammo dal terrazzo ed uno di noi gli aveva detto: "Salve, ingegnere... Bella giornata, vero?"

E lui: "Già, bella giornata; ma sarebbe tale anche se piovesse."

Sul momento avevamo giudicato la risposta un po' banale, ma poi comprendemmo cosa avesse inteso dire. Ed oggi, ogni qual volta tarda a cadere la pioggia, im-

---

[2]. Durante la stesura di questo racconto, dopo varie ricerche, siamo venuti in possesso del brevetto, che riproduciamo in appendice.

mancabilmente ripensiamo a Capaltin e al suo progetto idraulico.

Alfonso e Nicola Vaccari

XIII

Da quel giorno lo guardammo con un sentimento diverso. Lui divenne senza dubbio più aperto, pur restando il Capaltin di sempre, spesso contraddittorio e pronto a ritirarsi o ignorarci, ogni qual volta il suo lunatico carattere gli dettava.

Malgrado l'approccio avvenuto non ponemmo termine alle fanciullesche "angherie" nei suoi confronti. Ciò che capitò una sera di novembre fu davvero spassoso. Quella volta, quando le tenebre calarono presto come avviene in inverno, facemmo qualcosa di villano servendoci, in luogo dell'astro diurno, di una lampada da 1000 watt. Nostro cugino Mauro infatti, che allora viveva a Catania, era venuto a trovarci e, poiché per hobby faceva il fotografo, ci dilettavamo assieme scattando fotografie da interno con l'impiego di una infernale lampada, non disponendo di un comune flash. La sera, tornando dai nostri parenti presso cui egli pernottava, ci lasciò l'arnese. Figuratevi se la nostra perversa vivace fantasia non alimentò l'idea di puntare ben 1000 watt di luce contro la finestra di Capaltin!

Usando una prolunga uscimmo in terrazzo. La finestra del vecchio era chiusa, la sagoma biancastra della casa affondava sul cupo fondale dell'oscurità notturna. Silenzio! Solo il monotono e incessante cigolio della ventola d'un rudimentale sistema di aerazione situata sotto un ampio balcone vicino. "Dormirà?" Chiese uno di noi a bassa voce, e prendendo per il manico la lampada, l'alzò al giusto livello per centrare in pieno la finestra del vecchio.

Quando accese l'interruttore bastò un piccolissimo movimento del polso per correggere la mira: una luce bianca e irreale, fortissima, centrò il rettangolo nero e gran parte delle case attorno, muri, tetti e balconi rifulsero. Il vetro di Liberati parve fondersi all'istante e ci diede l'impressione che stesse roteando. Alquanto rapiti da quell'effetto estraniante e folgorante, restammo con la lampada accesa diversi istanti, poi venne spenta per ritrovare nella normalità delle immagini una risposta più oggettiva. Nulla, solamente un lieve disturbo alla vista per il cangiante riflesso che il cristallo della finestra aveva rimandato, quasi per legittima difesa al nostro attacco.

Riaccesa, spostammo più volte il braccio in modo da alternare a Capaltin luce, penombra, luce e penombra. Fu probabilmente tale oscillazione che lo indispettì, rendendolo assai più nervoso. Fatto sta che vedemmo aprirsi di colpo la finestra; dal rettangolo buio apparve velocissima una massa biancastra e bruna, e quasi contemporaneamente si sentì un urlo secco e terribile squarciare l'intero isolato: "Ueiii!!!"

Un attimo dopo un colpo brusco ci annunciò che il vecchio aveva richiuso, come al solito, la finestra sbattendola violentemente. Naturalmente ci rintanammo codardamente dentro la stanza, ridendo sì, ma anche ansimando. Ecco, pure questo episodio fu uno dei tanti destinati a restare impressi nella memoria.

La neve, quando cadeva abbondante, imbiancava a meraviglia i tetti e i balconi: tutto quel mondo visibile dalla porta-finestra della nostra stanza si copriva di soffice candore, e intorno regnava un silenzio ovattato, quasi magico, che rallegrava. Anche la vecchia casa bianca dirimpetto a noi, quella ove stava il nostro caro Capaltin, rimaneva sotto l'incanto della neve.

Sul balconcino dalla ringhiera arrugginita che sormontava il tratto sporgente di muro, rimaneva un copioso strato candido che occultava gran parte di quelle masserizie che lo occupavano; così pure la finestra di Liberati, investita dalla tormenta — erano anni in cui la neve scendeva ancora abbondante e fitta — aveva il vetro spruzzato di bianco ed il parapetto sotto un considerevole strato nevoso.

La neve doveva piacergli molto, perché un giorno lo scorgemmo, oltre la lastra trasparente, intento a guardare immobile i bei fiocchi cadere uno dopo l'altro.

Guardavamo l'ingegnere spostarsi entro la sua stanza (piccola o grande? Di quante stanze era composto l'appartamento?); la figura rimaneva sfocata, indefinita, oltre il vetro semi appannato. All'angolo della finestra, nella parte interna, ricordiamo che una volta ci avvedemmo di una busta da lettera attaccata, sulla quale percepimmo a fatica, pur servendoci del binocolo, una scritta sbiadita che non si riuscì a tradurre.

Come già detto, sognavamo ed immaginavamo sovente di entrare in quella stanza: dovevamo però prima passare per quel noto portone, salire le rampe di scale un po' lugubri e sgangherate, arrivare sino all'ultimo piano e finalmente farsi aprire. Bussare alla sua porta?

No, non ne saremmo stati capaci neppure in quel periodo, a conoscenza avvenuta. Lo desideravamo ma non ne avevamo il coraggio; al solo pensiero rabbrividivamo!

Oggi ci rammarica anche il non aver approfondito i rapporti con il signor Roventa e con il giornalista Rizieri; sia nei loro riguardi che in quelli di Liberati avremmo voluto vincere tutte quelle apprensioni, ma allora non fu affatto facile.

Li ritenevamo personaggi troppo strani e ambigui: la nostra fantasia di fanciulli ce li faceva considerare spesso con inquietudine, anche se oggi quasi ridiamo di tanta trepidazione.

Non sappiamo se Capaltin avesse avuto confidenza con gli altri due: essa forse era possibile tra coinquilini. Tuttavia abbiamo avuto sempre l'impressione che quei tre uomini tanto diversi s'ignorassero, che ognuno pensasse a fare la propria vita. Il più introverso indubbiamente era Capaltin il quale viveva da isolato e con molta riservatezza. Il signor Roventa invece aveva l'abitudine di chiacchierare parecchio sul conto di Vittorio Liberati.

Diceva: "Quello si dimentica di pagare l'affitto, è un tirchio, è un falso povero..."

Il signor Rizieri invece aveva la mania di prendersela col signor Roventa e lo accusava d'essere un esuberante ubriacone. Il giornalista Rizieri appariva solitamente in atteggiamento sprezzante; effettivamente sembrava che ce l'avesse con tutti. Del resto non li abbiamo mai visti conversare, e tanto meno abbiamo scorto l'ingegnere abbandonare l'ostinato riserbo. Giudicammo quindi un fatto straordinario che Capaltin avesse concesso l'onore di parlarci quasi come un amico, nonostante le tante monellerie e tanta esuberanza.

Liberati, sin da principio, esercitò su di noi un forte ascendente, questo è certo.

Ora, qualcuno potrebbe chiedersi se avemmo l'occasione di fare a un uomo tanto singolare una fotografia, per conservarne il ricordo. Ebbene, il desiderio ci fu. Tuttavia non possediamo alcuna sua immagine di allora, ed è inutile dire quanto ci rammarichi. Il motivo c'è: lui stesso non ce lo permise. Lo fermammo per strada una seconda volta: stava raggiungendo casa sua, probabilmente tornava dal monastero delle Clarisse.

Lo avvicinammo con la stessa emozione, ci stringemmo la mano, poi gli chiedemmo quasi subito se potevamo andare a casa a prendere la macchina fotografica per scattargli una o due pose in ricordo.

Lui con risolutezza espresse la sua opinione in proposito: parlò della futilità di conservare la foto di una persona.

Disse scrutandoci a fondo: "Sciocchezze! Conservare la fotografia di qualcuno, vivo o defunto, non serve, perché è vano e relativo. Ciò che solo importa è il ricordo che manteniamo dentro di noi. Questo soltanto rende le cose del mondo cariche di senso e le fa immortali. Tutto il resto è stupidaggine."

Il saggio Capaltin aveva parlato ed ora toccava a noi capire.

Disse ancora: "Ciò che è presente ora, non è definito; solo quanto vive nel ricordo non muta e dura, nel rispetto per la vita!"

Così dicendo sorrise lusinghiero guardandoci come per infonderci coraggio. Uno dei due poco dopo gli fece una domanda più ordinaria:

"Come fa ad essere così in forma?"

"Il segreto sta nel non avere vizi.", rispose.

Non rammentiamo di cos'altro parlammo, ma forse

la conversazione durò poco perché lui si accinse presto ad entrare in casa, salutandoci con il solito "Addio!"

Conserviamo, invece, la foto di quella vecchia casa, la facciata che vedevamo dal balcone: gliene scattammo due o tre. Ogni qual volta guardiamo quelle piccole fotografie in bianco e nero, ci assale non poca nostalgia, perché oggi l'abitazione dai muri decrepiti non esiste più, in quanto ristrutturata diversi anni fa.

Nelle foto si vede la finestra del vecchio, chiusa, e si nota la famosa cordicella ove egli soleva appendere lisi straccetti. Si scorge un gruppo di piccioni che posa sulla piana tettoia soprastante la finestra; a destra di questa è la finestrella quadrata, con il nylon bucherellato a guisa di vetro, che raramente veniva aperta. Il discorso di Capaltin fu avvincente, sì, egli aveva ragione.

Ancor oggi, credeteci, ci duole di non possedere una sua foto, che magari avremmo potuto scattargli furtivamente[1].

Se non lo facemmo, principalmente fu per doveroso rispetto.

Però oggi siamo felici d'avere le immagini di quella casa ove egli abitava e che tanto scrutammo. Bei ricordi!

Senz'altro, come asserì l'ingegnere Liberati, vale più la 'memoria' che una semplice immagine impressa su carta sensibile.

---

[1]. Le foto di Vittorio Liberati riprodotte in appendice sono state recuperate dopo la stesura del racconto.

XIV

Venne il tempo in cui dalla scura finestra non vedemmo più il caro vecchietto comparire e affacciarsi.

Le prime volte non ci facemmo molto caso, ma col passare dei giorni e poi delle settimane, l'assenza di Capaltin cominciò seriamente a preoccuparci. Non era possibile! Dove caspita era andato?

Il fatto ci lasciò perplessi e tristi; da una signora che abitava in fondo alla nostra via, venimmo a sapere che l'ingegnere Liberati si era trasferito al ricovero anziani, e successivamente ce lo confermò pure il signor Rizieri.

Da altra gente apprendemmo ch'egli, spesso, prima ancora d'andare all'ospizio, si faceva volontariamente ricoverare all'ospedale Morgagni di Forlì per assicurarsi un più comodo alloggio e una vita migliore. Ma forse questa era solo una diceria; probabilmente ciò accadeva per lo più quando gli capitava di non sentirsi bene.

Con l'animo trepidante lo attendemmo per diverso tempo, con la speranza di rivederlo riapparire, ma non tornò più ad alloggiare in quella casa che per noi era diventata il suo simbolo, il riflesso della sua stessa immagine, lo scenario di una così bella fiaba.

Fummo assaliti dalla tristezza anche se eravamo certi di saperlo in buona salute.

"Chissà se ogni tanto ci pensa...", ci chiedevamo malinconicamente. Quella casa in decadimento senza di lui pareva un'insignificante e farsesca sagoma di cartone, come l'effimera quinta di un palcoscenico, ove era improvvisamente calato il sipario.

Quando osservavamo quella finestra chiusa, sapendo che da molto tempo non vi si affacciava, ci assaliva un magone che dominavamo a stento; attorno regnava un desolante silenzio da cui anche le case vicine sembravano avvolte. Tutto divenne quindi, ai nostri occhi trasognati, un nostalgico palinsesto di ciò che prima significava l'avvincente gioco del mistero, un raro e prezioso volo fra realtà e fantasia. Avviliti più che mai, cercammo comunque di non vedere il fatto come una tragedia: dopotutto il vecchio Capaltin si era soltanto trasferito in una casa di riposo. Momentaneamente forse.

"Dove sei ingegnere... Perché te ne sei andato Capaltin?"

Il tempo passava e quel prospetto bianco dai vecchi muri diventava sempre più la fantomatica immagine di un vascello abbandonato dal proprio capitano. Col passare del tempo la sua scomparsa iniziò a farci persino rabbia, ci mortificò; ci sentivamo traditi, lasciati soli, senza più la possibilità di continuare l'esilarante rapporto.

Oh, quanto iniziò a mancarci!

Se ne era andato, così, silenzioso, senza preavviso, lasciandoci il vuoto, ponendo fine al lungo gioco. Le case intorno presero subito parte al silenzio, insieme a colui che non stava più dentro il buio di quella finestra, ma forse lontano... a sognare la pioggia discendere dal cielo.

1980 - Nicola fu ricoverato per una settimana in ospedale per un forte attacco di colite, al Reparto Medicina dell'Ospedale Morgagni.

I dolori erano davvero acuti, ma finalmente, grazie alle dovute cure, si riprese e guarì. La mattina in cui fu dimesso dall'ospedale c'era un bel sole primaverile che lo fece sentire felice.

La mamma e il suo gemello lo vennero a prendere aiutandolo a sistemare la sua roba. Quando raggiunsero il lungo corridoio d'entrata del Morgagni per recarsi all'uscita, un'infermiera li chiamò e disse loro che poco prima c'era un uomo in attesa seduto in una delle panchine della sala d'aspetto venuto a far visita al 'ragazzo ricoverato al reparto medicina', e specificò: "Uno dei due gemelli."

All'infermiera fu chiesto chi fosse quel signore, ed ella rispose semplicemente che non lo sapeva. Si era fatto avanti senza presentarsi chiedendo soltanto di uno dei due gemelli ricoverato. La donna si scusò di aver detto all'uomo anziano che il ricoverato era stato dimesso, non sapendo invece che ancora non aveva abbandonato la stanza dell'ospedale.

"Forse un vostro parente?" Chiese l'infermiera.

"No, non credo... Potrebbe descrivercelo? Che aspetto aveva?"

Rispose che costui era un tipo stranamente vestito, un signore anziano con pochissimi capelli bianchi, quasi pelato, e che aveva detto: "Fa niente. Dite al ragazzo che è passato l'ingegnere a fargli amichevole visita. Abito a pochi passi da loro. Gli faccia i miei auguri."

Capaltin!

Il caro ingegnere soprannominato Capaltin, aveva percorso la strada di una solidarietà pura e schietta, per giungere a portare un saluto d'amore e di carità ad un ragazzo appesantito da troppi giorni di degenza.

A quel ragazzo, venuto a conoscenza del fatto, parve di precipitare nell'emotiva voragine dei ricordi.

Lettera mai scritta:

Come facesti a sapere del ricovero di uno di noi ancor oggi ce lo chiediamo. Forse in segreto ci controllavi e ci scrutavi più di quanto noi facessimo con te. Questo avvenimento ci commosse particolarmente, e ancor oggi nel nostro cuore non manchiamo di sentire, profonda e cara, la sorgente di un richiamo dolce ed incantato di assoluta riconoscenza e amore.

Resta crudo il rimpianto di non averti mai potuto ringraziare. Non ti vedemmo più.

Sparisti...e di te non si seppe più nulla, né dove né come uscisti dalla scena del mondo ignavo. L'uomo dagli occhi turchesi e dal mirabile ciuffo bianco sulla fronte, l'ingegnere, l'alchimista delle acque, l'inventore di grandi pozzi, il saggio, il misterioso vegliardo solitario...sfuggiva al controllo degli sguardi dai verdi anni.

Non avemmo dunque l'occasione di farti capire quanto ti fossimo grati per il cortese gesto, che mai ci saremmo attesi. In un certo senso crediamo di averlo fatto scrivendo un racconto. Ancora una volta praticasti la tua dissolvenza silenziosa...ma fu purtroppo per sempre. Così passarono gli anni: nessuno più pareva ricordarsi di Capaltin.

Avremmo potuto, in quei sette anni, durante la tua permanenza alla Casa di riposo, venirti a trovare, ma ahimè, non lo facemmo. Ancora oggi ci è difficile dire il perché; forse quando si è molto giovani non sempre sovviene quella saggezza o quella coscienza che portano poi ad una avveduta e giusta decisione.

Liberati, o Capaltin: chissà se avevi amici al mondo... Noi eravamo i tuoi giovani amici, quegli amici che non appartengono certo all'ordinario, che si scelgono o si incontrano. Eravamo il simbolo della casualità della vita, di quel processo di cose segrete e ineludibili che scatta-

no all'improvviso, senza saperne il nome o il significato ma che incarnano un evento...di cui tu sapesti renderti complice. Di questo almeno possiamo rallegrarci.

Capaltin, Capaltin! Fino alle stelle!

Svanisti dal mondo come un fiocco di neve sull'asfalto.

Alfonso e Nicola

APPENDICI

Alfonso e Nicola Vaccari

Dall'archivio storico comunale di Forlì:

Ingegnere Liberati Vittorio defunto
(soprannominato "Capaltin")
nato il 25/06/1892 a Ravenna (Ra)
celibe
residente dal 11/11/1917
prov. da Senigallia (An) prot. N. 00295
morto il 04/04/1987 a Forlì (Fo)
iscriz. FF 23/11/1979 codex:
citt. Italiana

P.S. L'ingegnere Vittorio Liberati entrò nella Casa di Riposo "Pietro Zangheri" di Forlì il 1 novembre 1979 e vi morì il 4 aprile 1987.

Alfonso e Nicola Vaccari

L'abitazione di Capaltin, ripresa dal terrazzo degli autori. La finestra sulla facciata era quella dalla quale era solito apparire l'ingegnere.

Alfonso e Nicola Vaccari

L'ALCHIMISTA DELLE ACQUE

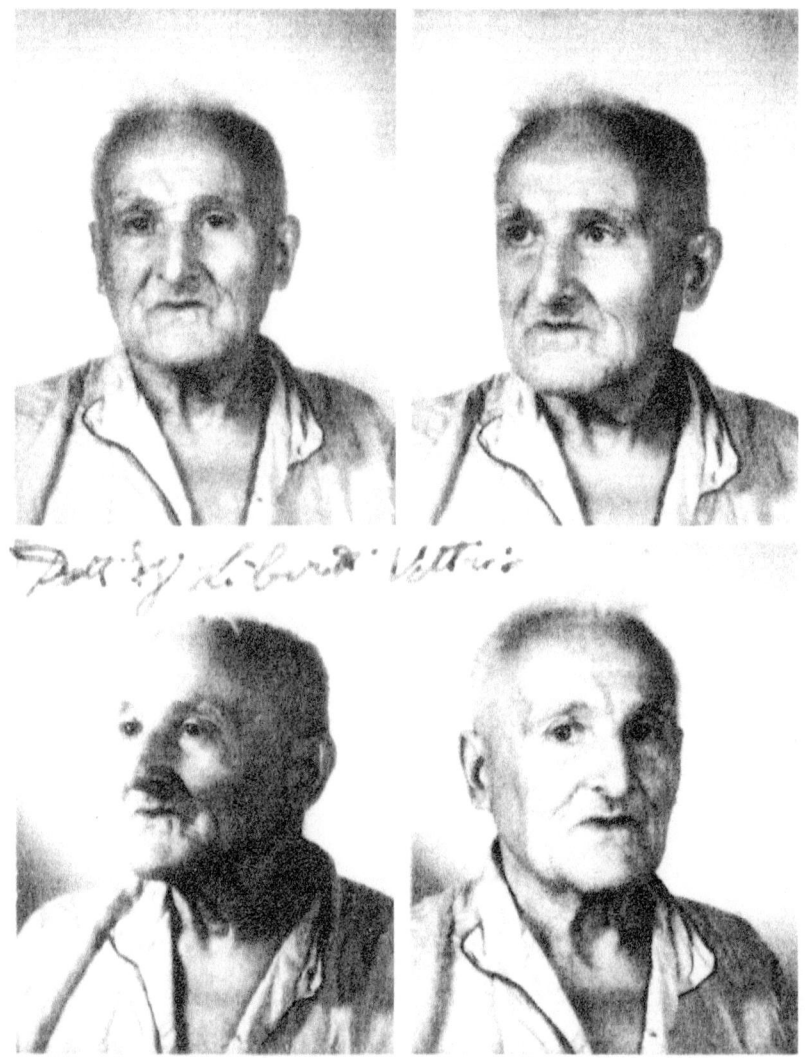

L'ing. Vittorio Liberati in una sequenza fotografica scattata il 31 Agosto 1977

Alfonso e Nicola Vaccari

Brevetto per invenzione industriale

Titolare:
Ingegnere Vittorio Liberati

titolo:
**"Sistema di captazione totale
delle acque di precipitazione atmosferica
per imbibizione delle masse geologiche"**

**Brevetto dei Pozzi Capto Diffusori
approvato il 18 maggio 1967- Forlì**

**Captazione totale
delle acque di precipitazione atmosferica
per imbibizione delle masse geologiche
e loro efficiente utilizzazione**

Il bacino imbrifero di qualsiasi corso d'acqua, ad esempio un comune fiume caratteristico che sbocca al mare, nella sua parte alta (quota maggiore) ha terreno più o meno inclinato, la cui pendenza non permette alla massa liquida precipitata di defluire in un tempo pari o maggiore a quello dell'assorbimento della superficie di contatto. Di conseguenza si provoca uno scorrimento la cui velocità aumenta di mano in mano che si abbassa la sua quota altimetrica.
Questa è l'origine delle fiumane.
Siccome ogni particella topografica di terreno ha le sue quote altimetriche, si potrà tracciare sulla superficie di essa tanti impluvi o compluvi che permettono lo scarico

entro uno scavo o pozzo di assorbimento, di forma e di struttura suggerita dalla conformazione geologica del luogo stesso. Ripetendo la stessa operazione fondamentale per tutta l'area imbrifera suddetta, otterremo un'imbibizione possibilmente totale entro la struttura geologica sottostante, il cui coefficiente di capacità, come un calcolo superiore dimostra, è maggiore della massa precipitata.

I pozzi di assorbimento sono destinati a raccogliere o distribuire nella falda geologica le acque di alimentazione del bacino stesso. Utilizzando questo enorme recipiente geologico, in cui il fluido si muove per gravitazione nelle direzioni consentite o con moto assai ritardato dai forti attriti specifici, si metteranno in evidenza sorgive importanti e si potranno determinare opere di presa di modulo costante. Si arricchiranno tutte le falde acquifere, divise parzialmente fra loro da strati impermeabili; quelle superiori sono in maggior copia e sono utilizzabili sia per terebrazioni sia per erogazioni naturali. Con tale accorgimento sarà mantenuta una costante umidità ai terreni e si trarranno acque per agricoltura e per usi urbani, previo sfruttamento del salto di altezza eccedente. In questa distribuzione uniforme e naturale è insita la filtrazione, che è di carattere igienico e peculiare. I pozzi assorbenti debbono essere calcolati in base al tempo necessario alla loro azione dispersiva. Ostacolando lo scorrimento superficiale delle acque con tali artifici od altri fori di arresto, si rallenta enormemente la velocità di discesa del fluido e lo si convoglia nel seno della falda geologica mantenendone il movimento più o meno uniformemente ritardato verso valle entro questi grandi volumi rocciosi di struttura cellulare. Così avremo provveduto integralmente ad annullare nei suoi effetti il fenomeno degli scorrimenti e degli ammassamenti liberi delle precipitazioni. Concludendo, è necessario impedire la libertà di scorrimento in superficie delle acque, in primo luogo per prevenire gli eventuali di-

sastri alluvionali e in secondo luogo perché le masse liquide libere con azione distruttiva saranno causa in avvenire di siccità, sottraendosi all'infiltrazione, sopra accennata.
I suddetti serbatoi geologici, a lento e regolare riempimento, avvicinano o annullano i termini di sosta delle piogge, in modo da consentire costante umidità ai terreni e ricchezza d'acqua di erogazione. L'acqua eccedente, sommandosi con quella a valle, determina una notevole quantità idrica. I piccoli corsi fluviali, così ridotti, saranno regolari e smaltiranno i loro liquami a mezzo di fognature oltre il frangente d'onda marina.

GRAFICO DEI POZZI CAPTO DIFFUSORI

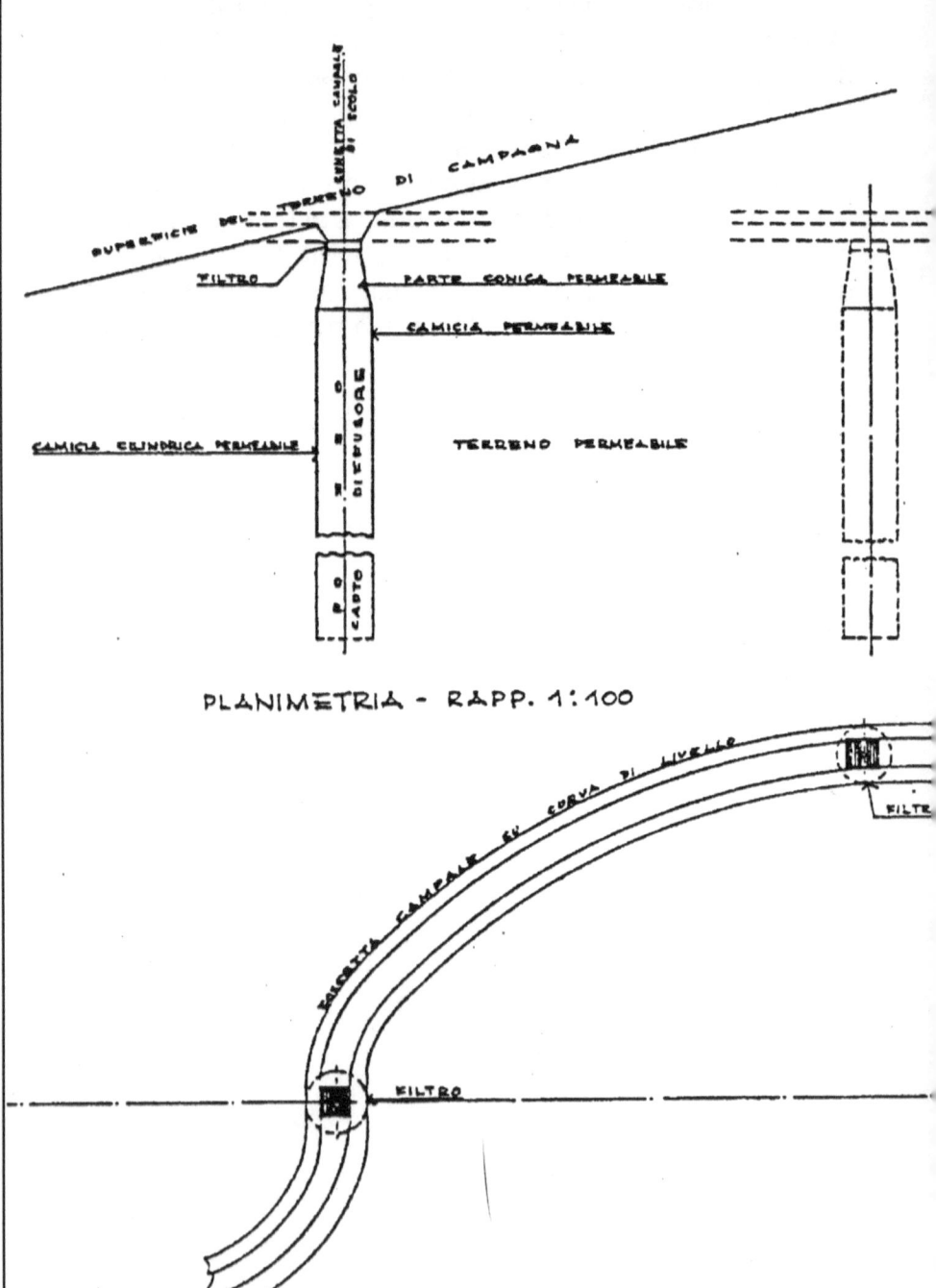

L'IMMISSIONE DELLE ACQUE METEREOLOGICHE NEL TERRENO QUALE SOLUZIONE PER L'ARRICCHIMENTO E LA CONTINUITÀ DELL'APPROVVIGIONAMENTO IDRICO.

> Articolo scritto dall'ingegnere Vittorio Liberati, apparso su "l'agricoltura romagnola" del 10 luglio 1968, riguardante la sua invenzione industriale.

La crescente scarsità d'acqua è un preoccupante fenomeno di tutti i Paesi in via di espansione demografica e industriale.

Le nazioni civili si dovranno accingere al Decennio Idrologico Internazionale, promosso dall'Unesco che avrà non solo lo scopo di coordinare studi e ricerche sulle risorse idriche mondiali ma anche quello di richiamare l'attenzione dei Paesi interessati sulla importanza di questa scienza, così spesso trascurata dai tecnici, che è l'Idrologia. Non sappiamo ancora se il Decennio avrà successo; dipenderà molto, nelle nazioni civili, dai loro dirigenti. Mancando l'appoggio di essi poco potranno le sole ricerche scoperte dei tecnici e permarrà allora la scarsità di acqua nel nostro globo, risultato della negligenza verso un solidale sforzo per la soluzione di un secolare grande problema. Nel passato il problema era ben lungi dal presentarsi nella vastità e impellenza di oggi. I popoli, salvo poche eccezioni, si rimettevano alle caratteristiche naturali del luogo senza affaticare le menti per un migliore sfruttamento futuro delle possibilità idriche. Ciò si poteva ben fare quando la popolazione nel mondo era di gran lunga inferiore a quella odierna, oltretutto di aumentate esigenze materiali.

Il problema dell'acqua raramente è disgiunto da

quello della fame poiché dove c'è acqua a sufficienza c'è vegetazione, possibilità di agricoltura, di industria e perciò di benessere.

Non ci si rende conto come il benessere e la vita stessa dell'uomo dipendono sovente dalle immense ricchezze delle acque meteoriche che si lasciano inconsciamente disperdere inutilizzate. Così la ricorrente fame dell'India dipende dalle annate in cui le piogge apportate dai monsoni scarseggiano. Tuttavia per quanto scarse rimarrebbero sempre quantità immense di acqua provvidenziali se fossero utilizzate a scopo irriguo mentre invece defluiscono nei grandi fiumi e si lasciano perdere nel golfo del Bengala.

Anche in altre regioni del globo c'è la fame, l'acqua scarseggia per l'incuria di chi non la utilizza lasciandola perdere.

Non siamo lontani dal vero affermando che, ove manca l'opera risanatrice dell'uomo, su dieci parti di acqua meteorica, una parte soltanto viene assorbita dal terreno, generalmente resta pura e potabile e si utilizza con pozzi o fonti. Un'altra parte evapora e le restanti otto parti defluiscono nei corsi d'acqua e vanno al mare. L'uomo talvolta raccoglie alcune di queste otto parti sbarrando con dighe questi corsi d'acqua per ottenere energia. Talvolta utilizza queste depurandole per renderle potabili, allora le acque sono quelle di tanti acquedotti non sempre gradite al palato. È di moda oggi, fra i tecnici, parlare di desalinizzazione dell'acqua del mare per uso potabile. La desalinizzazione è troppo costosa e così il trasporto ai centri di consumo. Anche la desalinizzazione a mezzo di congelamento dell'acqua marina trova la stessa difficoltà. Dobbiamo perciò ammettere che il tradizionale criterio di approvvigionamento idrico di quella parte di acqua meteorica assorbita dal terreno, in cui resta pura e potabile, sia ancor oggi da seguire. Però dobbiamo constatare che queste acque, per le continue crescenti richieste, subiscono una diminuzione di livello e di portata. Altra causa è la diminuzione di assorbimento tellurico per deficiente lavorazione agricola.

Perciò dobbiamo ovviamente concludere che se si riuscisse anche soltanto a triplicare la parte assorbita dal terreno non solo si otterrebbero benefici incalcolabili all'umanità nei suoi problemi della fame nel mondo e nelle sue esigenze in campo industriale e civile, ma anche si contrasterebbe lo scorrimento ruinoso delle acque meteoriche (fiumi, torrenti).

In altre parole occorrerebbe un mezzo atto ad assorbire la maggior quantità di liquido nel tempo. Si è ritenuto trovarlo con un dispositivo "Pozzi capto diffusori" da studiarsi caso per caso in funzione dell'assorbimento particolare del terreno, della superficie campale, e di altre circostanze.

Pozzi capto diffusori

Il terreno ideale per questi è quello in pendenza pur non escludendosi quello pianeggiante.

Nel terreno ideale seguendo le linee di livello si apriranno dei pozzi verticali con diametro di circa un metro profondi da due a sei metri rivestiti di camicia permeabile economica (a es. forati, calcestruzzo magro) di modesto spessore (da quattro a sei cm. circa).

Il pozzo cilindrico avrà tuttavia la parte superiore tronco conica onde ridurre la zona da sottrarre all'agricoltura. La bocca sarà di diametro di circa trenta cm., munita di filtro rudimentale (riempito di sabbia e ghiaia) onde evitare depositi nel fondo-pozzo.

Ammettiamo, per ipotesi, che nella nostra zona cadano circa cento cm cubi d'acqua in un anno distri-

buiti in cento ore le quali si succedono in periodi tali da rendere possibile la continua imbibizione del pozzo senza che questo rigurgiti. Dai terreni sabbiosi a quelli di medio impasto a quelli argillosi, sempre nella prevista profondità da due a sei metri, i tempi di imbibizione vanno in una progressione crescente che si ritiene da uno a cinque. Nei terreni in declivio le acque interrate scorrono in basso inumidendolo costantemente ed alimentando pozzi d'acqua viva e sorgenti sempre sul filo della loro discesa.

In pianura occorre estrarre l'acqua da un pozzo centrale rispetto ai diffusori, detto pozzo di acqua viva, perché i diffusori servono solo per alimentazione.

L'evoluzione delle terre ed i pozzi capto diffusori

L'abbandono della coltivazione delle terre ha suggerito l'idea dei "pozzi capto diffusori". Con l'abbandono delle terre causato dal fenomeno urbanistico si è verificata la minore imbibizione naturale dei terreni come lo prova la diminuzione delle acque freatiche e la rapidissima trasformazione del corso dei fiumi da fluviale a torrentizio. Abbiamo speranza di essere ancora lontani dal punto critico in cui la continua diminuzione dell'acqua, principalmente nei pozzi attuali, significherà sia l'arsura delle terre sia il formarsi di continue colonne d'aria ascendenti che impediscono la formazione di nubi ed il verificarsi delle benefiche precipitazioni atmosferiche. Non dobbiamo dilazionare troppo gli studi dei mezzi atti a contrastare queste future calamità quando queste mostrandosi in forma imponente saranno più difficili da combattere. Pertanto i pozzi capto diffusori sono particolarmente indicati nel campo agrario perché oltre che risolvere il problema dell'approvvigionamento idrico portano un contributo alla stabilità del terreno inumidendolo, aumentando così la vegetazione che con le sue radici è fonte di consolidamenti del terreno.

La frescura che così ottiene nel terreno favorendo la vegetazione erbacea ed arborea ovviamente non può favorire sviluppi di microrganismi dannosi. Il diffondersi di questi pozzi con il conseguente aumento dei terreni resi così umidi gioverebbe alla tendenza verso l'uniformità della temperatura e le maggiori piogge. In tal guisa si ostacoleranno gli squilibri meteorici che, se rapidi, determinano il formarsi di cicloni più frequenti oggi, di un tempo.

Inoltre in virtù dei pozzi capto diffusori si ridurrà la frequenza delle ruinose alluvioni perché si avrà sottrazione di acqua causata da questi pozzi. È opportuno rilevare che l'aumento della massa tellurica ha la proprietà di tendere all'annullamento delle onde sismiche nella zona per il teorema delle forze vive. Riteniamo interessante terminare con brevi considerazioni sulla trasformazione e utilizzazione per l'agricoltura di vaste zone desertiche in vista del preoccupante aumento della popolazione mondiale.

L'origine dei deserti è certo dovuta all'annullamento dell'effetto idrico in seguito alla distruzione delle grandi foreste di cui oggi si trovano i residui fossili.

Il lento ma continuo espandersi dei deserti in quest'ultimo millennio dimostra che l'uomo non li ha fronteggiati con le uniche armi possibili, la vegetazione e l'utilizzazione totale delle acque meteoriche. Sostanzialmente occorrerà provvedere i confini dei deserti con pozzi capto diffusori e così progredendo verso e sui punti centrali riapparirà la vita sparita da secoli.

Concludendo il sottosuolo diverrà l'immenso serbatoio ricaricato dai pozzi capto che diffonderanno l'acqua sempre presente in gran volume, in tutte le stagioni dopo lievissime spese di solo primo impianto, esente da qualsiasi spesa d'esercizio. Il seguito sarà coronato dal successo di dare origine ad alta energia idraulica a servizio agricolo e gratuitamente. Finalmente l'Uomo potrà gridare vittoria per avere conquistato dal suolo l'inesauribile acqua.

Vittorio Liberati

L'ALCHIMISTA DELLE ACQUE

Di seguito dalla 1° stampa del libro "L'Alchimista delle acque" edito "Società Editrice Il Ponte Vecchio", volendo ricordare il grande letterato Andrea Brigliadori, persona cara agli stessi autori, riporto la presentazione dallo stesso editata.

Presentazione

Storie "innocenti" di ordinaria crudeltà

Un qualche disagio, se non proprio rimorso, l'avranno provato, credo, gli autori stessi di questo libro se, scrivendo a venti e più anni di distanza su quanto loro è accaduto e da loro fu compiuto negli anni dell'adolescenza (diciamo dai circa dieci ai circa diciassette anni), hanno sentito il bisogno di avvertire il lettore con questa nota:

> Qualsiasi giudizio, opinione e considerazione nei riguardi del protagonista vanno perciò considerati come espressioni delle fantasie e delle emozioni infantili, che in età matura abbiamo sentito il bisogno di rievocare come momenti significativi della nostra educazione "sentimentale". Per questo, non vi è nessuna intenzione di esprimere un giudizio sulla personalità del protagonista, verso il quale conserviamo la più alta e rispettosa considerazione.

La nota è opportuna perché lungo tutta la narrazione i due adolescenti gemelli (che sono essi in realtà i protagonisti) non approdano mai ad una "alta e rispettosa considerazione" del personaggio oggetto e vittima delle loro "attenzioni". O forse alta sì, ma propriamente rispettosa mai. Nemmeno quando vengono a sapere che quell'uomo è o è stato un ingegnere, che ha insegnato nelle scuole, che è autore sia pur disconosciuto di un progetto di "pozzi capto-diffusori" per la cattu-

ra, *l'incanalamento e la redistribuzione delle acque in futuri ineluttabili tempi di siccità, nemmeno quando vengono a sapere tutto questo cessa in loro la compiaciuta tentazione di tormentarlo: "Malgrado l'approccio avvenuto non ponemmo termine alle fanciullesche angherie nei suoi confronti". Questa volta, ed è solo l'ultima di mille, puntano una lampada di "ben 1000 watt di luce contro la finestra di Capaltin". E strappano ovviamente a Capaltin un "urlo secco e terribile", un prolungato "ueeiii" che, addirittura "squarcia l'intero isolato". Quanto fosse allora fanciullesca e inconsapevole questa "perversa vivace fantasia", non saprei dire. Certo è che il tormento della lampada segue quelli, centellinati negli anni, dei "pirulotti" di carta e dei pallini di plastilina sparati con la cerbottana dentro la stessa finestra, del lancio di petardi prima e di pomodori poi, e via via di noccioli di pesche e susine; per non dire del raggio di sole riverberato dentro la stanza scura dal riflesso di uno specchio, o della "ventina di colpi" di una pistola-giocattolo, delle stelle filanti, delle palle di neve prima ai vetri poi all'interno della camera. Una sistematica persecuzione, insomma, con variazioni occasionali e stagionali, iniziata con la semplice voglia di "spiare" l'uomo che abita la casa di fronte e conclusa col pedinamento, la provocazione, l'incontro diretto col personaggio.*
La narrazione di tutto questo, condotta sul filo di una memoria né reticente, né intermittente, ma piuttosto accurata, metodica, cronachistica, è di frequente interrotta dagli interventi degli autori ora adulti che commentano, talvolta deplorano e più spesso giustificano la condotta degli adolescenti che furono. In che modo? Scelgo qualche esempio: "ci comportammo con lui da autentici discoli"; "eravamo irresponsabili e, in quanto tali, insolenti". Oppure: "Tormentarlo ormai era diventato un vizio, che riconosciamo, oggi, non avremmo dovuto protrarre". E ancora: "Era più forte di noi, dovevamo a tutti i costi attirare la sua attenzione"; "Potremmo dire che per lui provavamo letteralmente una sorta di attrazione e di

repulsione al contempo".
Nei due ragazzi si alternano infatti curiosità, paura, entusiasmo, "morbosa curiosità di sapere", insolenza, un misto di affetto e di dispetto per un vicino di casa fatto oggetto e stimolo di fantasie angeliche e demoniache di volta in volta, che è in realtà un povero vecchio mite, solitario e taciturno, paziente e passivo, misero al punto di consumare i pasti alla mensa delle suore, vestito di stracci probabilmente più per indigenza che per bizzarria, che gira nudo per casa, ma che non fa male a nessuno. Eppure "ormai Capaltin rappresentava per noi tutto un universo di cose, di simboli, di fantasie, di desiderio d'evasione e di brama dell'imprevisto: quell'irresistibile e irrefrenabile necessità, tipica della fanciullezza, di provare il brivido, la forte emozione, lasciandosi andare ad un divertimento liberatorio, cosicché la realtà diviene l'equivalente del sogno, il gioco come verifica degli atteggiamenti umani, così complessi ed inimmaginabili, come nel caso di Capaltin".
È davvero quella "sterminata operazione della fantasia" di cui secondo Leopardi furono capaci gli antichi e son capaci i fanciulli. I due ragazzi appagheranno la loro smania di sapere, perseguita malignamente coi tormenti e gli appostamenti già detti, apprendendo via via che quel vecchio triste e solo, ai loro occhi bello e orribile ad un tempo, è davvero un ingegnere, che si chiama Vittorio Liberati (nome di senso e suono abissalmente lontani dalla sua figura fisica), che è un inventore probabilmente fantasioso ma certo incompreso. Chissà cosa l'ha condotto a quello stato: fallimenti, solitudine, eccentricità, sventura? I "fanciulli" non se lo chiedono più di tanto. Ma certo è che, saputo questo, dimenticano di avere interpretato come segni di malevolenza e stranezza le poche sacrosante parole di Capaltin vittima delle loro "innocenti" crudeltà. Le prime sono state:
"Smettetela, altrimenti chiamo la polizia!"; le seconde: "Furfanti, stupidi furfanti... cialtroni" (al lancio dei pomodori); la

terza fu un "imbecilli" che "suonò alto, stridente ed egli con un gesto di stizza sbatté l'imposta chiudendola", alla ventina di colpi della pistola-giocattolo. Il lettore è dalla parte di Capaltin; anche dopo, quando, negli incontri per strada, questo vecchio presunto strampalato non sa dire se non parole di saggezza e buon senso: "Vorremmo sapere che ne pensa dell'esistenza di Dio", chiede la vanità dei ragazzi; e lui: "Non sono discorsi da farsi a tavolino". E poco oltre: "La scuola è importante perché vi prepara alla vita".
I "misteri" di Capaltin sono tutti qui. Stringe la mano ai ragazzi e mostra di essersi dimenticato, o di non tener conto, delle "ragazzate" che gli hanno inflitto. La lezione vera del vecchio è forse questa, per quanto ignare ne siano la giovinezza e fors'anche la maturità. Il suo solo vero "mistero" è quel progetto di ingegnere idraulico, quale Capaltin-Liberati fu o avrebbe potuto essere: la "invenzione industriale" di un "sistema di captazione totale delle acque di precipitazione atmosferica per imbibizione delle masse geologiche". Brevettato, ma sconosciuto e mai realizzato. Si intravvede in Capaltin alla fine la nobile miseria del genio incompreso. Il vecchio ne parla ai ragazzi con accenti di orgoglio e di infausta profezia sul destino della terra e degli uomini. "Egli sapeva davvero molte cose".
È il fascino vero, quello che gli antichi attribuivano alle Sirene. Lo stesso che alla fine, narrata anche la sparizione e la morte di Capaltin, gli autori di questo libro a quattro mani riescono a trasmettere da loro stessi al lettore. A postumo risarcimento, loro e nostro, di una vita forse incompresa persino nel suo bisogno di pietà.

Andrea Brigliadori

Forlì, 11 ottobre 1998

INDICE

Prefazione	*IX*
Capitolo I	1
Capitolo II	9
Capitolo III	21
Capitolo IV	27
Capitolo V	37
Capitolo VI	43
Capitolo VII	49
Capitolo VIII	53
Capitolo IX	61
Capitolo X	67
Capitolo XI	75
Capitolo XII	83
Capitolo XIII	95
Capitolo XIV	101
Appendici	*107*
Indice	*129*

Alfonso e Nicola Vaccari

ISBN 978-1-911424-92-5
SKU/ID 9781911424925
Cover design by Alfonso and Nicola Vaccari
Book design by Wolf
Editor: Wolf
Illustrations by Alfonso and Nicola Vaccari

No part of this book can be reproduced in any form or by written, electronic or mechanical, including photocopying, recording, or by any information retrieval system without written permission in writing by the publisher.

Publishing Company:
Black Wolf Edition & Publishing Ltd.
2 Glebe Place, Burntisland KY3 0ES, Scotland
www.blackwolfedition.com

Copyright ©2017 by Black Wolf Edition & Publishing Ltd.
All rights reserved. - First Edition: 2017

L'ALCHIMISTA DELLE ACQUE

Capoltin. A. Vaccari 2016

www.ingramcontent.com/pod-product-compliance
Lightning Source LLC
Chambersburg PA
CBHW021440080526
44588CB00009B/622